KB116147

디지털과 AI 시대 로컬상권 활성화를 위한 지침서

(전통시장/상점가/골목형 상점가/상권활성화구역/자율상권구역 등)

상권 활성화
프로젝트 기획 실무

디지털과 AI 시대
로컬상권 활성화를 위한 지침서

상권 활성화 프로젝트 기획 실무

김용한(엠아이전략연구소 소장) 지음

새로운 시대 로컬상권의 길을 생각하며…

　오늘날 우리는 급격히 변화하는 디지털과 AI 시대에 살고 있다. 과거의 상권은 단순히 오프라인 상점들로 구성된 물리적인 공간에 불과했다.

　하지만 이제는 온라인과 오프라인이 융합되고, 디지털 기술과 AI가 소비자와 상권의 관계를 새롭게 정의하고 있다. 이러한 변화 속에서 로컬상권도 그 환경과 전략을 재정비할 필요가 있다.

　로컬상권은 지역경제의 근간이며, 지역 주민의 삶의 질을 좌우하는 중요한 요소이다. 그러나 전통적인 로컬상권은 대형마트, 쿠팡 등 온라인 쇼핑몰, 알리 등 해외직구몰 등 거대 자본의 압박에 시달리고 있다. 또한, 소비자의 요구와 기대가 급변하면서 로컬상권은 그동안의 방식으로는 더 이상 경쟁력을 유지하기 어려워졌다.

　이 책을 통해 우리는 새로운 시대에 부합하는 로컬상권 활성화 기획의 필요성을 정리해 본다. 단순히 전통시장과 상점가, 개별 점포들의 물리적 위치와 구성을 넘어, 디지털 기술을 활용한 상권 분석, 고객들의 상품구매 채널의 변화, 상품들의 쇼핑 장소에 영향을 주는 온라인/SNS 채널, 소비 트렌드의 변화, 그리고 이를 바탕으로 한 전략 수립이

얼마나 중요한지를 알 수 있다. 이를 통해 독자들이 상권 활성화의 구체적인 방법을 이해하고, 직접 상권 활성화 기획 업무를 수행할 수 있도록 지원하는 데 도서 출간의 목적이 있다.

디지털 시대의 소비자들은 더 이상 단순히 상품을 구매하는 데서 만족하지 않는다. 그들은 경험을 원하고, 편리함을 원하며, 자신만의 고유한 스토리가 있는 상품과 서비스를 원한다. 이런 소비자들의 요구를 충족시키기 위해서는 기존의 방식에서 탈피하여 새로운 접근이 필요하다. 이는 단지 온라인 판매를 강화하는 것을 넘어, 오프라인과 온라인의 경계를 허물고, 양쪽의 장점을 극대화하는 방향으로 나아가야 한다는 것을 의미한다.

또한, 로컬상권은 그 지역의 문화와 특성, 독특한 장소적인 아이덴티티를 반영해야 한다. 이는 단순히 상품을 판매하는 공간이 아니라, 지역 주민과 방문객들이 그 지역의 고유한 문화를 체험하고, 소통하며, 공동체의 일원으로서 느끼는 장소로 거듭나야 한다는 것을 의미한다. 이를 위해서는 지역의 고유한 콘텐츠를 개발하고, 이를 중심으로 상권을 활성화하는 전략이 필요하다.

이 책은 로컬상권을 활성화하기 위한 종합적인 상권 활성화 기획 지침서를 지향한다. 기존의 개별점포 중심의 입지나 상권 분석이 아닌, 전통시장 및 상점가 등 개별점포들의 집적공간의 상권 분석에서부터 비전과 목표 설정, 특화된 콘셉트 개발, 구체적인 프로그램 수립, 그리고 재원 조달과 예산계획에 이르기까지 상권 활성화의 전 과정을 체계적으로 다룬다. 특히, 디지털과 AI 기술이 상권에 미치게 될 영향을 반영하여 새로운 시대환경에 부합하는 차별적인 전략과 사례를 통해 실질적인 도움을 제공하고자 한다.

로컬상권의 활성화는 단순히 점포의 매출을 증가시키는 것을 넘어서, 지역경제를 살리고, 지역사회를 활성화하는 중요한 과제이다. 이 책이 로컬상권을 활성화하려는 모든 이들에게 유용한 가이드가 되었으면 한다. 변화하는 환경 속에서 새로운 길을 모색하고, 로컬상권의 밝은 미래를 만들어 나가는 데 이 책이 작은 도움이 되기를 진심으로 바란다.

C O N T E N T S

2부 상권 활성화 기획

CONTENTS

1부

로컬상권의 환경과 과제

01

왜 로컬상권 활성화인가?

로컬상권의 중요성

　로컬상권은 단순한 상업 공간을 넘어 지역사회의 중심 역할을 담당한다. 이곳은 단순히 물건을 사고파는 장소를 넘어 사람들의 일상생활이 녹아 있는 공간이다. 로컬상권은 주민들이 일상적으로 방문하며, 그들의 필요를 충족시키는 다양한 상품과 서비스를 제공한다. 따라서 로컬상권의 활성화는 단순히 경제적인 측면을 넘어 지역사회 전체의 활력을 높이는 중요한 요소다.

　첫째, 로컬상권은 지역경제의 중요한 축이다. 로컬점포는 지역 내에서 소비되고, 지역 주민들이 직접 운영하는 상점들이 대부분이다. 이는 지역경제 순환구조를 강화하는 역할을 한다. 예를 들어, 한 지역에서 소비된 돈은 그 지역의 다른 점포와 서비스로 재투자되며, 이는 지역경제의 활성화로 이어진다. 또한, 로컬상권은 지역 내 일자리 창출에도 큰 기여를 한다. 소규모 점포들은 지역 주민을 고용하며, 이는 지역 내 고용률을 높이고 경제적 안정성을 제공한다.

　둘째, 로컬상권은 사회적 연대와 커뮤니티 형성에 기여한다. 로컬상권은 단순히 상품을 구매하는 장소가 아니라, 지역 주민들이 만나는 공간이다. 이곳에서 사람들은 일상적인 대화를 나누고, 서로의 안부를 묻고, 지역사회의 소식을 교환한다. 이러한 상호작용은 지역사회의 유대감을 강화하며, 공동체 의식을 높인다. 예를 들어, 동네의 작은 카페에서 아침 커피를 마시며 이웃과 인사를 나누는 것만으로도 사람들은 자신이 지역사회의 일원임을 느낄 수 있다.

셋째, 로컬상권은 문화적 다양성과 지역 정체성을 유지하는 데 중요한 역할을 한다. 각 지역의 로컬상권은 그 지역만의 독특한 문화와 전통을 반영한다. 이는 대형마트나 글로벌 브랜드에서는 찾기 힘든 로컬상권만의 매력이다. 예를 들어, 지역특산물을 판매하는 전통시장이나, 오래된 역사를 간직한 골목길의 점포들은 그 자체로 지역의 문화유산이다. 이러한 상권이 활성화될수록 지역의 문화적 정체성이 보존되고, 이는 관광객들에게도 큰 매력으로 작용한다.

넷째, 로컬상권은 지속 가능한 발전의 핵심 요소다. 로컬상권의 활성화는 지역 자원을 효율적으로 사용하고, 장거리 운송을 줄이며, 환경보호에 기여한다. 지역에서 생산된 상품을 지역 내에서 소비하는 구조는 탄소 발자국을 줄이고, 환경적으로 지속 가능한 소비 패턴을 장려한다. 또한, 로컬상권은 지역 내 자원의 재순환을 통해 자원의 낭비를 최소화하고, 지속 가능한 경제 구조를 형성하는 데 기여한다.

다섯째, 로컬상권은 지역사회의 경제적 자립성을 강화한다. 대형마트나 외부 자본에 의존하는 구조에서는 외부경제 환경 변화에 민감하게 반응할 수밖에 없다. 반면, 로컬상권이 잘 형성된 지역은 외부 충격에 상대적으로 덜 영향을 받으며, 경제적 자립성을 유지할 수 있다. 이는 지역경제의 안정성을 높이고, 장기적인 성장 가능성을 담보한다.

마지막으로, 로컬상권은 지역 주민들에게 편리한 생활 환경을 제공한다. 가까운 거리에서 다양한 상품과 서비스를 제공받을 수 있는 로컬상권은 주민들의 생활 편의를 높인다. 이는 특히 고령화 사회에서 중요한 요소로 작용한다. 노인들이 먼 거리를 이동하지 않고도 필요한 상품과 서비스를 이용할 수 있는 로컬상권은 그들의 삶의 질을 높이는 데 큰 역할을 한다.

이처럼 로컬상권의 중요성은 경제적, 사회적, 문화적, 환경적 측면에서 다양하게 나타난다. 로컬상권이 활성화되면 지역경제가 살아나고, 사회적 연대가 강화되며, 지역 문화가 보존되고, 환경이 보호된다. 또한, 경제적 자립성과 생활 편의성이 높아진다. 따라서 로컬상권의 활성화는 단순히 경제적인 문제를 넘어 지역사회 전체의 발전과 직결된 중요한 과제다. 이는 로컬 상권의 활성화가 왜 중요한지를 명확히 보여준다.

지역경제와 로컬상권

로컬상권은 지역경제의 핵심 축이다. 지역경제는 로컬상권을 통해 숨 쉬고 성장하며, 이는 지역사회의 발전과 밀접한 관련이 있다. 지역경제 와 로컬상권의 관계는 다양한 측면에서 중요한 의미를 지닌다. 이 장에 서는 로컬상권이 지역경제에 미치는 영향과 그 중요성을 살펴본다.

첫째, 로컬상권은 지역 내 자금의 순환을 촉진한다. 지역 주민들이 로컬상점에서 소비하면 그 돈은 다시 지역 내 다른 상점이나 서비스로 재투자된다. 이러한 자금 순환 구조는 지역경제를 활성화하는 중요한 요소다. 예를 들어, 한 지역 주민이 로컬식당에서 식사를 하면, 그 식 당 주인은 받은 돈으로 지역 농산물을 구매하고, 지역 농부는 다시 지 역 내 다른 서비스나 상품을 소비한다. 이러한 순환 구조는 지역 내 경 제적 활력을 높이고, 외부로의 자금 유출을 막는다.

둘째, 로컬상권은 지역 내 일자리를 창출한다. 소규모 상점들은 지역 주 민들을 고용하며, 이는 지역 내 고용률을 높이고 경제적 안정성을 제공한 다. 특히, 젊은이들과 노인들에게는 로컬상권이 중요한 일자리 제공처가 된다. 예를 들어, 지역 내 작은 커피숍이나 식당은 많은 청년들에게 첫 일자리 경험을 제공하며, 노인들에게는 은퇴 후에도 경제활동을 할 기회를 제공한다. 이는 지역사회의 경제적 활력을 높이는 중요한 요소다.

셋째, 로컬상권은 지역경제의 다변화를 촉진한다. 로컬상권은 다양한 상품과 서비스를 제공함으로써 지역경제의 다변화를 이끈다. 이는 특정 산업이나 대형 체인점에 의존하는 구조에서 벗어나, 다양한 경제활동이 이루어질 수 있는 기반을 마련한다. 예를 들어, 지역 내 다양한 상점들이 협력하여 상호 보완적인 상품과 서비스를 제공하면, 지역 주민들은 다양한 선택지를 가지게 되고, 이는 지역경제의 다변화와 안정을 가져온다.

넷째, 로컬상권은 지역 자원의 효율적인 활용을 돕는다. 지역 내 생산된 상품과 서비스가 지역 내에서 소비됨으로써 자원의 낭비를 줄일 수 있다. 이는 환경 보호와도 연결되며, 지속 가능한 지역경제를 형성하는 데 중요한 역할을 한다. 예를 들어, 지역 농산물을 판매하는 로컬 마켓은 운송 비용과 탄소 배출을 줄여 환경 보호에 기여하며, 지역 주민들에게 신선한 농산물을 제공한다. 이는 지역 자원의 효율적 활용과 지속 가능한 발전을 동시에 이끌어낸다.

다섯째, 로컬상권은 지역경제의 자립성을 강화한다. 로컬상권이 잘 형성된 지역은 외부경제 환경 변화에 덜 영향을 받는다. 이는 지역경제의 안정성을 높이고, 외부 충격에 대한 회복력을 강화한다. 예를 들어, 대형마트에 의존하지 않고 다양한 로컬상점들이 존재하는 지역은 글로벌 경제 위기나 외부 충격에 덜 민감하게 반응한다. 이는 지역경제의 자립성을 높이는 중요한 요소다.

여섯째, 로컬상권은 지역경제의 성장 가능성을 높인다. 로컬상권이 활성화되면 지역 내 경제 활동이 활발해지고, 이는 지역경제의 성장으로 이어진다. 특히, 로컬상권은 창업과 혁신의 중심지가 될 수 있다. 예를 들어, 많은 청년들이 로컬상권에서 창업을 통해 새로운 비즈니스를 시작하고, 이는 지역경제의 성장 가능성을 높인다. 로컬상권은 지역경제의 성장 동력이 될 수 있는 중요한 기반이다.

일곱째, 로컬상권은 지역경제의 특색을 살린다. 각 지역은 고유한 문화와 전통을 가지고 있으며, 로컬상권은 이를 반영하는 중요한 공간이다. 이는 지역 주민들에게 자긍심을 주고, 외부 관광객들에게는 독특한 경험을 제공한다. 예를 들어, 지역특산물을 판매하는 상점이나 전통시장은 그 지역의 문화를 체험할 수 있는 장소로서, 관광객들에게 큰 매력을 가진다. 이는 지역경제의 특색을 살리는 동시에 관광 산업의 활성화로 이어질 수 있다.

로컬상권은 지역경제의 핵심 축으로서 다양한 측면에서 중요한 역할을 한다. 자금 순환, 일자리 창출, 경제 다변화, 자원 효율화, 경제 자립성 강화, 성장 가능성 증대, 지역 특색 반영 등 로컬상권이 지역경제에 미치는 긍정적인 영향은 이루 말할 수 없다. 이러한 이유로 로컬상권의 활성화는 단순히 상업적인 문제가 아니라, 지역경제 전체의 발전과 직결된 중요한 과제다. 로컬상권이 활성화될 때 지역경제는 더 큰 활력을 얻고, 지속 가능한 발전을 이룰 수 있다.

로컬상권의 도전 과제

로컬상권은 지역경제의 중요한 축이지만, 현대 사회에서 여러 도전 과제를 안고 있다. 로컬상권이 직면한 이러한 도전들은 다양한 측면에서 나타난다. 이 장에서는 로컬상권이 마주한 주요 도전 과제들을 살펴보고, 그 해결 방안을 모색한다.

첫째, 대형마트와 복합몰과의 경쟁이 큰 도전 과제다. 대형 마트와 복합몰은 가격 경쟁력, 다양한 상품 구비, 편리한 접근성 등으로 인해 많은 소비자들을 끌어들인다. 반면, 로컬상점은 규모의 경제에서 오는 가격 경쟁력 부족과 한정된 상품 구비로 인해 경쟁에서 밀리는 경우가 많다. 예를 들어, 대형마트나 복합몰은 대량 구매로 인한 가격 우위를 가지고 있어, 같은 상품을 더 저렴하게 제공할 수 있다. 이러한 경쟁 상황에서 로컬상점은 차별화된 상품과 서비스, 지역사회와의 유대감 형성 등으로 경쟁력을 높여야 한다.

둘째, 온라인 쇼핑의 확산은 로컬상권에 큰 영향을 미치고 있다. 인터넷과 스마트폰의 보급으로 온라인 쇼핑은 일상화되었으며, 소비자들은 언제 어디서나 편리하게 쇼핑을 즐길 수 있게 되었다. 특히, 코로나19

팬데믹은 이러한 추세를 가속화했다. 온라인 쇼핑은 가격 비교가 용이하고, 다양한 상품을 한눈에 볼 수 있다는 장점이 있어 많은 소비자들이 선호하게 되었다. 이에 따라 로컬상점은 온라인 판매 채널을 활용하거나, 디지털 마케팅을 강화하여 새로운 소비자층을 공략해야 한다.

셋째, 변화하는 소비자 행동과 트렌드도 로컬상권의 큰 도전 과제다. 현대 소비자들은 단순히 상품을 구매하는 것에서 벗어나, 구매 과정에서의 경험을 중요시한다. 소비자들은 더 이상 가격과 품질만을 고려하지 않고, 구매 과정에서의 편리함, 즐거움, 그리고 브랜드와의 감성적 연결을 중시한다. 예를 들어, 소비자들은 친환경 제품을 찾고, 사회적 책임을 다하는 브랜드를 선호하며, 자신만의 고유한 소비 경험을 원한다. 로컬상점은 이러한 변화에 맞춰 고객 경험을 개선하고, 브랜드 스토리와 가치를 전달하는 마케팅 전략을 구사해야 한다.

넷째, 경제적 불안정성도 로컬상권에 큰 영향을 미친다. 글로벌 경제의 변화, 환율 변동, 원자재 가격 상승 등 다양한 경제적 요인들이 로컬상권에 직접적인 영향을 미친다. 이러한 경제적 불안정성은 소비자들의 구매력을 감소시키고, 상점 운영비용을 증가시킨다. 예를 들어, 경기 침체 시 소비자들은 지출을 줄이고, 이는 로컬상점의 매출 감소로 이어진다. 로컬상점은 이러한 경제적 불안정성에 대비해 비용 절감과 효율적 운영을 통해 안정적인 경영을 유지해야 한다.

다섯째, 인력 문제도 중요한 도전 과제다. 로컬상점은 종종 인력 부족과 인건비 상승 문제에 직면한다. 특히, 젊은 층의 노동력이 부족한 지역에서는 이러한 문제가 더욱 심각하다. 인건비 상승은 상점 운영비용을 증가시키며, 이는 가격 경쟁력 약화로 이어질 수 있다. 로컬상점은 직원 교육과 훈련을 통해 서비스 품질을 높이고, 인력 운영의 효율성을 극대화하는 방안을 모색해야 한다.

여섯째, 기술 변화에 대한 대응도 중요한 도전 과제다. 디지털 기술의 발전은 상업 환경을 급격히 변화시키고 있으며, 이에 적응하지 못한 상점은 경쟁에서 뒤처질 수 있다. 예를 들어, 무인 결제 시스템, 인공지능을 활용한 고객 맞춤 서비스 등 최신 기술을 도입하지 않으면 소비자들에게 매력을 잃을 수 있다. 로컬상점은 최신 기술을 적극적으로 도입하고, 이를 통해 고객들에게 새로운 가치를 제공해야 한다.

일곱째, 정책 및 규제 변화도 로컬상권에 영향을 미친다. 정부의 정책 변화, 규제 강화, 세제 혜택 축소 등 다양한 정책 요인들이 로컬상점의 운영에 직접적인 영향을 미친다. 예를 들어, 환경 규제가 강화되면 상점은 친환경 제품으로의 전환을 고려해야 하며, 이는 추가 비용을 발생시킬 수 있다. 로컬상점은 정책 변화에 대한 신속한 대응과 유연한 경영 전략을 통해 이러한 도전에 대응해야 한다.

이처럼 로컬상권이 안고 있는 다양한 도전 과제들은 로컬상권의 생존과 발전을 위해 반드시 극복해야 할 중요한 과제이다. 로컬상점은 이러한 도전 과제들에 대응하기 위해 차별화된 전략과 혁신적인 접근을 통해 경쟁력을 강화해야 한다. 이는 로컬상권의 활성화와 지속 가능한 발전을 위한 필수적인 요소다.

상권 활성화의 필요성

　로컬상권의 활성화는 단순한 경제적 이익을 넘어 지역사회 전체에 걸친 다양한 긍정적 영향을 미친다. 이는 지역경제의 활성화뿐만 아니라, 사회적, 문화적, 환경적 측면에서도 중요한 의미를 가진다. 이 장에서는 로컬상권 활성화의 필요성을 다양한 측면에서 고찰하고, 이를 통해 얻을 수 있는 이점들을 살펴본다.

　첫째, 경제적 지속 가능성의 확보다. 로컬상권이 활성화되면 지역 내 경제활동이 활발해지고, 이는 지역경제의 지속 가능성을 높인다. 지역 주민들이 지역 상점에서 소비하면 그 돈은 다시 지역 내에서 순환되며, 지역경제의 안정성과 성장을 촉진한다. 이는 경제적 위기 상황에서도 지역경제의 탄력성을 높여준다. 예를 들어, 한 지역에서 발생한 매출이 다시 그 지역의 다른 상점이나 서비스로 재투자되면, 지역경제는 외부 충격에 덜 민감하게 반응하고 지속 가능성을 유지할 수 있다.

　둘째, 일자리 창출과 고용 안정성이다. 로컬상권의 활성화는 지역 내 일자리 창출로 이어진다. 소규모 상점들은 많은 지역주민들을 고용하며, 이는 지역사회의 경제적 안정성을 높인다. 특히, 청년층과 노년층에게는 중요한 일자리 제공처가 된다. 로컬상권에서의 고용은 단순한 일자리 제공을 넘어, 지역 주민들이 경제활동에 적극적으로 참여할 기회를 제공한다. 이는 지역경제의 활성화와 더불어 지역사회의 안정성에도 기여한다.

셋째, 사회적 유대감과 공동체 의식의 강화다. 로컬상권은 단순한 상업 공간이 아니라, 지역 주민들이 일상적으로 만나는 공간이다. 이곳에서 주민들은 서로 교류하며, 사회적 유대감을 형성한다. 이는 공동체 의식을 강화하고, 지역사회의 통합을 촉진한다. 예를 들어, 지역 주민들이 자주 찾는 카페나 식당은 자연스럽게 만남의 장소가 되며, 이를 통해 주민들 간의 교류와 소통이 이루어진다. 이는 지역사회의 결속력을 높이고, 공동체 의식을 강화하는 데 중요한 역할을 한다.

넷째, 문화적 다양성과 지역 정체성의 보존이다. 로컬상권은 그 지역만의 고유한 문화와 전통을 반영하는 공간이다. 이는 대형마트나 글로벌 브랜드와는 다른 로컬상권만의 매력이다. 로컬상권이 활성화되면 지역의 고유한 문화와 전통이 보존되고, 이는 지역 주민들에게 자긍심을 주며, 외부 관광객들에게는 독특한 경험을 제공한다. 예를 들어, 전통시장이나 지역특산물을 판매하는 상점들은 그 자체로 지역의 문화유산이며, 이를 통해 지역 정체성을 보존할 수 있다.

다섯째, 환경적 지속 가능성이다. 로컬상권의 활성화는 지역 자원의 효율적 사용과 환경 보호에 기여한다. 지역 내에서 생산된 상품을 지역 내에서 소비하면, 운송 비용과 탄소 배출을 줄일 수 있다. 이는 환경 보호와 더불어 지속 가능한 소비 패턴을 장려하는 데 중요한 역할을 한다. 예를 들어, 지역 농산물을 판매하는 로컬 마켓은 신선한 농산물을 제공할 뿐만 아니라, 환경 보호에도 기여한다. 이는 지역 자원의 효율적 활용과 환경 보호를 동시에 달성할 수 있는 중요한 방법이다.

여섯째, 지역경제의 자립성 강화다. 로컬상권이 활성화되면 외부 경제환경 변화에 대한 지역경제의 민감도가 낮아진다. 이는 지역경제의 안정성을 높이고, 외부 충격에 대한 회복력을 강화한다. 대형마트나 외부 자본에 의존하지 않고, 지역 내 다양한 상점들이 협력하여 자립적인 경제 구조를 형성할 수 있다. 이는 지역경제의 자립성을 높이는 중요한 요소다. 예를 들어, 지역 내 다양한 상점들이 상호 보완적인 상품과 서비스를 제공하면, 지역 주민들은 외부 자본에 의존하지 않고도 다양한 경제활동을 할 수 있다.

일곱째, 지역사회의 생활 편의성 증대다. 로컬상권이 활성화되면 지역 주민들은 가까운 거리에서 다양한 상품과 서비스를 이용할 수 있어 생활 편의성이 높아진다. 이는 특히 고령화 사회에서 중요한 의미를 가진다. 노인들이 먼 거리를 이동하지 않고도 필요한 상품과 서비스를 이용할 수 있는 로컬상권은 그들의 삶의 질을 높이는 데 큰 역할을 한다. 예를 들어, 지역 내에 다양한 상점들이 밀집해 있으면, 주민들은 편리하게 쇼핑을 즐기고 필요한 서비스를 받을 수 있다. 이는 지역사회의 생활 편의성을 높이는 중요한 요소다.

로컬상권의 활성화는 지역경제의 지속 가능성을 높이고, 일자리 창출과 고용 안정성을 제공하며, 사회적 유대감과 공동체 의식을 강화한다. 또한, 문화적 다양성과 지역 정체성을 보존하고, 환경적 지속 가능성을 촉진하며, 지역경제의 자립성을 강화한다.

마지막으로, 지역사회의 생활 편의성을 증대시키는 중요한 역할을 한다. 이러한 이유로 로컬상권의 활성화는 단순히 경제적 이익을 넘어, 지역사회 전체의 발전과 직결된 중요한 과제다. 이는 지역 주민들의 삶의 질을 높이고, 지역경제의 지속 가능한 발전을 이루기 위한 필수적인 요소다. 로컬상권의 활성화를 통해 지역사회는 더 큰 활력을 얻고, 지속 가능한 미래를 향해 나아갈 수 있다.

02

상권 활성화 기획은?

상권 활성화 기획의 정의

상권 활성화 기획은 '로컬상권을 보다 활성화하고 지속 가능한 발전을 이루기 위해 체계적으로 접근하는 과정'을 의미한다. 이는 단순히 상점의 매출을 증가시키는 것을 넘어, 지역사회 전체의 경제적, 사회적, 문화적 발전을 도모하는 포괄적인 계획이다. 상권 활성화 기획은 다양한 이해관계자들의 참여와 협력을 바탕으로 이루어지며, 이를 통해 지역경제의 활력을 높이고, 지역 주민들의 삶의 질을 향상시키는 데 목적이 있다.

첫째, 상권 활성화 기획은 상권의 현재 상태에 대해 체계적으로 조사하고 분석하는 것에서 시작한다. 이는 상권의 강점과 약점을 파악하고, 외부 환경의 기회와 위협을 분석하는 과정이다. 이를 통해 상권의 현황을 명확히 이해하고, 향후 발전 방향을 설정할 수 있다. 예를 들어, 상권의 유동 인구, 매출 현황, 상점의 종류와 분포 등을 조사하고 분석하여 상권의 전반적인 상태를 평가한다. 이러한 분석은 상권 활성화 기획의 기초 자료로 활용되며, 기획의 방향을 결정하는 데 중요한 역할을 한다.

둘째, 상권 활성화 기획은 명확한 목표 설정을 포함한다. 상권 활성화의 목표는 단기적 목표와 장기적 목표로 나눌 수 있으며, 이는 구체적이고 실현 가능한 목표여야 한다. 예를 들어, 단기적 목표로는 상권 내 상점의 매출 증대, 유동 인구 증가 등을 설정할 수 있으며, 장기적 목표로는 상권의 브랜드 가치 제고, 지속 가능한 발전 모델 구축 등을 설정할 수 있다. 명확한 목표 설정은 상권 활성화 기획의 방향성을 제공하며, 기획의 성과를 평가하는 기준이 된다.

셋째, 상권 활성화 기획은 다양한 전략과 전술을 포함한다. 이는 상권의 특성과 목표에 맞는 맞춤형 전략을 수립하는 과정이다. 예를 들어, 상권의 특성에 따라 홍보 전략, 마케팅 전략, 인프라 개선 전략 등을 수립할 수 있다. 또한, 상권 내 상점들의 협력과 네트워크 형성을 통해 상호 보완적인 전략을 구사할 수 있다. 이러한 전략과 전술은 상권의 경쟁력을 높이고, 상권 활성화의 목표를 달성하는 데 중요한 역할을 한다.

넷째, 상권 활성화 기획은 지속적인 모니터링과 평가를 포함한다. 상권 활성화 과정은 단기적으로는 성공할 수 있지만, 지속 가능한 발전을 위해서는 지속적인 모니터링과 평가가 필요하다. 이를 통해 상권 활성화의 성과를 평가하고, 필요한 경우 전략을 수정하거나 보완할 수 있다. 예를 들어, 상권 내 유동 인구의 변화, 상점의 매출 변화 등을 지속적으로 모니터링하고, 이를 바탕으로 상권 활성화의 성과를 평가한다. 이러한 모니터링과 평가는 상권 활성화의 지속 가능성을 높이는 데 중요한 역할을 한다.

다섯째, 상권 활성화 기획은 지역사회의 참여와 협력을 바탕으로 이루어진다. 상권 활성화는 상점 주인들만의 문제가 아니라, 지역 주민, 지역 정부, 지역 기업 등 다양한 이해관계자들의 참여와 협력이 필요하다. 이를 통해 상권 활성화의 방향을 설정하고, 다양한 자원을 효율적으로 활용할 수 있다. 예를 들어, 지역 주민들의 의견을 수렴하고, 지역 정부의 지원을 받으며, 지역 기업과의 협력을 통해 상권 활성화 기획을 추진한다. 이러한 참여와 협력은 상권 활성화의 성공 가능성을 높이는 데 중요한 역할을 한다.

여섯째, 상권 활성화 기획은 문화적, 사회적 측면을 고려해야 한다. 상권 활성화는 단순한 경제적 이익을 넘어, 지역의 문화와 사회적 가치를 보존하고 발전시키는 데 목적이 있다. 이를 위해 상권 내에서 지역 문화 행사나 사회적 활동을 지원하고, 지역 주민들이 상권에 대한 자부심을 가질 수 있도록 하는 것이 중요하다. 예를 들어, 지역 축제나 문화 행사를 통해 상권을 활성화하고, 이를 통해 지역 주민들의 참여를 유도할 수 있다. 이러한 문화적, 사회적 측면의 고려는 상권 활성화의 지속 가능성을 높이는 데 중요한 역할을 한다.

마지막으로, 상권 활성화 기획은 혁신과 창의성을 필요로 한다. 급변하는 사회와 경제 환경 속에서 상권 활성화를 위해서는 새로운 아이디어와 혁신적인 접근이 필요하다. 예를 들어, 디지털 기술을 활용한 마케팅 전략, 친환경적인 상점 운영, 고객 맞춤형 서비스 제공 등을 통해 상권의 경쟁력을 높일 수 있다. 이러한 혁신과 창의성은 상권 활성화의 핵심 요소로서, 상권의 지속 가능한 발전을 이끄는 원동력이 된다.

상권 활성화 기획은 상권의 현재 상태 분석, 명확한 목표 설정, 다양한 전략과 전술 수립, 지속적인 모니터링과 평가, 지역사회의 참여와 협력, 문화적·사회적 측면 고려, 혁신과 창의성 등을 포함하는 포괄적인 과정이다. 이를 통해 로컬상권은 경제적, 사회적, 문화적 측면에서 지속 가능한 발전을 이룰 수 있으며, 지역 주민들의 삶의 질을 향상시킬 수 있다. 상권 활성화 기획은 로컬상권의 경쟁력을 높이고, 지역경제의 활력을 높이는 중요한 역할을 한다. 이러한 기획을 통해 로컬상권은 단순한 상업 공간을 넘어, 지역사회의 중심으로서 중요한 역할을 할 수 있다.

상권 활성화 기획의 주요 요소

상권 활성화 기획은 지역 상권의 성장을 촉진하고 지속 가능한 발전을 도모하는 중요한 과정이다. 이 과정은 여러 가지 핵심 요소를 포함하며, 각 요소는 상권 활성화의 성공을 위한 필수적인 역할을 한다. 이 장에서는 상권 활성화 기획의 주요 요소를 분석하고, 각각의 요소가 어떤 역할을 하는지 자세히 살펴본다.

첫째, 상권 분석이다. 상권 분석은 상권 활성화 기획의 출발점이다. 이는 상권의 현재 상태를 면밀히 조사하고, 상권의 강점과 약점을 파악하는 과정이다. 상권 분석은 유동 인구, 매출 현황, 상점의 분포, 경쟁 상권 등의 데이터를 수집하고 분석하는 것을 포함한다. 예를 들어, 특정 지역의 상권을 분석할 때 해당 지역의 주요 고객층, 소비 패턴, 경쟁 상점의 특징 등을 파악한다. 이를 통해 상권의 현재 상태를 정확히 이해하고, 향후 전략을 수립하는 데 기초 자료로 활용한다.

둘째, 시장조사다. 시장조사는 상권 분석과 밀접하게 관련된 요소로, 상권 내 소비자들의 요구와 기대를 파악하는 과정이다. 이는 설문조사, 인터뷰, 관찰 등의 방법을 통해 이루어진다. 예를 들어, 특정 상권의 고객들을 대상으로 설문조사를 실시하여 그들의 소비 습관, 선호하는 상품과 서비스, 불만 사항 등을 조사한다. 이러한 시장조사는 상권 활성화 기획에 필요한 중요한 정보를 제공하며, 소비자 맞춤형 전략 수립에 기여한다.

셋째, 비전과 목표 설정이다. 상권 활성화 기획의 비전과 목표는 상권이 나아가야 할 방향을 제시하고, 구체적인 성과를 측정할 수 있는 기준을 제공한다. 비전은 상권의 장기적인 발전 방향을 나타내며, 목표는 이를 달성하기 위한 구체적이고 실현 가능한 단계적 목표를 설정한다. 예를 들어, "지역 상권의 중심지로 자리매김한다"는 비전 아래, "연간 매출 10% 증가", "유동 인구 20% 증가" 등의 구체적인 목표를 설정한다. 명확한 비전과 목표는 상권 활성화 기획의 추진력을 높이고, 성과를 평가하는 기준이 된다.

넷째, 전략 수립이다. 상권 활성화 전략은 상권 분석과 시장조사를 바탕으로 상권의 강점을 강화하고 약점을 보완하는 구체적인 계획을 포함한다. 이는 마케팅 전략, 홍보 전략, 고객 서비스 전략, 인프라 개선 전략 등 다양한 측면에서 이루어진다. 예를 들어, 상권 내 상점들이 공동으로 마케팅 캠페인을 진행하거나, 고객 서비스 개선을 위해 직원 교육 프로그램을 도입하는 등의 전략을 수립한다. 이러한 전략은 상권의 경쟁력을 높이고, 목표 달성에 필요한 구체적인 실행 계획을 제공한다.

다섯째, 자원 관리다. 상권 활성화 기획은 다양한 자원을 효과적으로 관리하고 활용하는 것이 중요하다. 이는 재정 자원, 인적 자원, 물적 자원 등을 포함한다. 예를 들어, 상권 활성화를 위해 필요한 예산을 확보하고, 이를 효율적으로 분배하여 사용한다. 또한, 상점 주인들과 직원들의 역량을 강화하기 위한 교육과 훈련 프로그램을 운영하며, 상권 내 인프라를 개선하는 데 필요한 자원을 적절히 활용한다. 자원 관리는 상권 활성화 기획의 실행력을 높이고, 효율적인 운영을 보장한다.

여섯째, 홍보와 마케팅이다. 효과적인 홍보와 마케팅은 상권 활성화에 있어 핵심적인 요소다. 이는 상권의 인지도를 높이고, 소비자들에게 상권의 매력을 어필하는 역할을 한다. 예를 들어, 소셜 미디어를 활용한 홍보 캠페인, 지역 매체와의 협력, 이벤트 개최 등을 통해 상권을 홍보한다. 또한, 할인 행사나 특별 프로모션을 통해 소비자들의 관심을 끌고, 상권 방문을 유도한다. 홍보와 마케팅은 상권의 브랜드 가치를 높이고, 소비자 유입을 촉진하는 데 중요한 역할을 한다.

일곱째, 커뮤니티 참여와 협력이다. 상권 활성화는 지역사회의 참여와 협력을 바탕으로 이루어진다. 이는 상점 주인들, 지역 주민들, 지역 정부, 지역 단체 등의 다양한 이해관계자들이 협력하여 상권 활성화를 도모하는 과정이다. 예를 들어, 지역 주민들이 참여하는 상권 발전위원회를 구성하거나, 지역 정부와 협력하여 상권 활성화 지원 프로그램을 운영한다. 이러한 커뮤니티 참여와 협력은 상권 활성화의 추진력을 높이고, 지역사회의 결속력을 강화하는 데 중요한 역할을 한다.

여덟째, 지속적인 모니터링과 평가다. 상권 활성화 기획은 일회성 프로젝트가 아니라 지속적인 과정이다. 이를 위해 상권 활성화의 진행 상황을 지속적으로 모니터링하고, 성과를 평가하는 것이 중요하다. 예를 들어, 상권 내 유동 인구 변화, 상점 매출 변화, 고객 만족도 등을 주기적으로 조사하고 분석한다. 이러한 모니터링과 평가는 상권 활성화 기획의 성과를 측정하고, 필요시 전략을 수정하거나 보완하는 데 중요한 정보를 제공한다.

상권 활성화 기획의 주요 요소는 상권 분석, 시장조사, 비전과 목표 설정, 전략 수립, 자원 관리, 홍보와 마케팅, 커뮤니티 참여와 협력, 지속적인 모니터링과 평가 등으로 구성된다. 이러한 요소들은 상호 유기적으로 작용하여 상권 활성화 기획의 성공을 도모하며, 지역 상권의 경쟁력을 높이고 지속 가능한 발전을 이끄는 데 중요한 역할을 한다. 상권 활성화 기획은 이러한 주요 요소들을 체계적으로 관리하고 실행함으로써, 지역 상권의 활성화를 효과적으로 추진할 수 있다.

성공적인 상권 활성화 기획은?

성공적인 상권 활성화 기획은 지역 상권의 경쟁력을 높이고, 지속 가능한 발전을 이루는 데 필요한 체계적이고 전략적인 접근이다. 이 장에서는 성공적인 상권 활성화 기획이 갖추어야 할 요소와 이를 통해 얻을 수 있는 효과를 살펴본다.

첫째, 명확한 목표 설정이다. 성공적인 기획은 명확한 목표 설정에서 시작된다. 상권 활성화의 목표는 구체적이고 실현 가능한 것이어야 하며, 단기적 목표와 장기적 목표를 모두 포함해야 한다. 예를 들어, 단기적 목표로는 유동 인구 증가, 상점 매출 증대 등을 설정할 수 있으며, 장기적 목표로는 상권의 브랜드 가치 제고, 지속 가능한 발전 모델 구축 등을 설정할 수 있다. 명확한 목표는 상권 활성화의 방향성을 제공하고, 기획의 성과를 평가하는 기준이 된다.

둘째, 포괄적인 상권 분석이다. 상권 활성화 기획의 성공을 위해서는 상권의 현재 상태를 정확히 파악하는 것이 필수적이다. 이는 유동 인구, 매출 현황, 경쟁 상권 등의 데이터를 수집하고 분석하는 것을 포함한다. 예를 들어, 상권 내 주요 고객층, 소비 패턴, 경쟁 상점의 특징 등을 파악하여 상권의 강점과 약점을 분석한다. 이러한 포괄적인 상권 분석은 기획의 기초 자료로 활용되며, 전략 수립에 중요한 역할을 한다.

셋째, 효과적인 전략 수립이다. 상권 활성화 전략은 상권 분석을 바탕으로 상권의 강점을 강화하고 약점을 보완하는 구체적인 계획을 포함해야 한다. 이는 마케팅 전략, 홍보 전략, 고객 서비스 전략, 인프라 개선 전략 등 다양한 측면에서 이루어진다. 예를 들어, 상권 내 상점들이 공동으로 마케팅 캠페인을 진행하거나, 고객 서비스 개선을 위해 직원 교육 프로그램을 도입하는 등의 전략을 수립한다. 이러한 전략은 상권의 경쟁력을 높이고, 목표 달성에 필요한 구체적인 실행 계획을 제공한다.

넷째, 자원 관리의 효율성이다. 상권 활성화 기획은 다양한 자원을 효과적으로 관리하고 활용하는 것이 중요하다. 이는 재정 자원, 인적 자원, 물적 자원 등을 포함한다. 예를 들어, 상권 활성화를 위해 필요한 예산을 확보하고, 이를 효율적으로 분배하여 사용한다. 또한, 상점 주인들과 직원들의 역량을 강화하기 위한 교육과 훈련 프로그램을 운영하며, 상권 내 인프라를 개선하는 데 필요한 자원을 적절히 활용한다. 자원 관리의 효율성은 상권 활성화 기획의 실행력을 높이고, 효율적인 운영을 보장한다.

다섯째, 지역사회의 참여와 협력이다. 성공적인 상권 활성화 기획은 지역사회의 참여와 협력을 바탕으로 이루어진다. 이는 상점 주인들, 지역 주민들, 지역 정부, 지역 단체 등의 다양한 이해관계자들이 협력하여 상권 활성화를 도모하는 과정이다. 예를 들어, 지역 주민들이 참여하는 상권 발전위원회를 구성하거나, 지역 정부와 협력하여 상권 활성화 지원 프로그램을 운영한다. 이러한 지역사회의 참여와 협력은 상권 활성화의 추진력을 높이고, 지역사회의 결속력을 강화하는 데 중요한 역할을 한다.

여섯째, 지속적인 모니터링과 평가다. 상권 활성화 기획은 일회성 프로젝트가 아니라 지속적인 과정이다. 이를 위해 상권 활성화의 진행 상황을 지속적으로 모니터링하고, 성과를 평가하는 것이 중요하다. 예를 들어, 상권 내 유동 인구 변화, 상점 매출 변화, 고객 만족도 등을 주기적으로 조사하고 분석한다. 이러한 모니터링과 평가는 상권 활성화 기획의 성과를 측정하고, 필요시 전략을 수정하거나 보완하는 데 중요한 정보를 제공한다. 이는 상권 활성화의 지속 가능성을 높이는 데 필수적이다.

일곱째, 혁신과 창의성이다. 급변하는 사회와 경제 환경 속에서 상권 활성화를 위해서는 새로운 아이디어와 혁신적인 접근이 필요하다. 예를 들어, 디지털 기술을 활용한 마케팅 전략, 친환경적인 상점 운영, 고객 맞춤형 서비스 제공 등을 통해 상권의 경쟁력을 높일 수 있다. 이러한 혁신과 창의성은 상권 활성화의 핵심 요소로서, 상권의 지속 가능한 발전을 이끄는 원동력이 된다.

여덟째, 고객 중심의 접근이다. 성공적인 상권 활성화 기획은 고객의 요구와 기대를 반영하는 것이 중요하다. 이는 고객 만족도를 높이고, 고객 충성도를 강화하는 데 중요한 역할을 한다. 예를 들어, 고객의 피드백을 적극적으로 수렴하고, 이를 바탕으로 상품과 서비스를 개선하며, 고객 맞춤형 마케팅 전략을 수립한다. 고객 중심의 접근은 상권의 경쟁력을 높이고, 지속 가능한 발전을 도모하는 데 중요한 요소다.

성공적인 상권 활성화 기획은 명확한 목표 설정, 포괄적인 상권 분석, 효과적인 전략 수립, 자원 관리의 효율성, 지역사회의 참여와 협력, 지속적인 모니터링과 평가, 혁신과 창의성, 고객 중심의 접근 등을 포함하는 포괄적인 과정이다. 이러한 요소들은 상호 유기적으로 작용하여 상권 활성화 기획의 성공을 도모하며, 지역 상권의 경쟁력을 높이고 지속 가능한 발전을 이끄는 데 중요한 역할을 한다. 상권 활성화 기획은 이러한 주요 요소들을 체계적으로 관리하고 실행함으로써, 지역 상권의 활성화를 효과적으로 추진할 수 있다.

디지털 환경에서의
상권 활성화 기획은?

   디지털 환경은 상권 활성화 기획에 새로운 기회를 제공함과 동시에 새로운 도전 과제를 던진다. 급변하는 디지털 환경에서 로컬상권이 지속 가능하고 경쟁력을 유지하기 위해서는 디지털 기술을 활용한 혁신적인 접근이 필요하다. 이 장에서는 디지털 환경에서의 상권 활성화 기획이 어떻게 이루어져야 하는지 살펴보고, 주요 전략과 사례를 소개한다.

   첫째, 디지털 마케팅의 중요성이다. 디지털 환경에서의 상권 활성화 기획에는 효과적인 디지털 마케팅 전략이 필요하다. 이는 소셜 미디어, 이메일 마케팅, 검색엔진 최적화(SEO) 등 다양한 디지털 채널을 활용하여 상권의 인지도를 높이고, 고객 유입을 촉진하는 과정이다. 예를 들어, 로컬상권의 상점들은 인스타그램, 페이스북 등 소셜 미디어를 활용하여 프로모션을 진행하고, 고객과의 소통을 강화할 수 있다. 또한, 네이버 스마트플레이스, 블로그, 장보기와 같은 플랫폼을 통해 전통시장과 상점 정보를 관리하고, 지역 검색 결과에 전통시장과 상점을 노출하는 것도 중요한 전략이다.

둘째, 온라인과 오프라인의 융합이다. 디지털 환경에서 상권 활성화를 위해서는 온라인과 오프라인의 경계를 허물고, 양쪽의 장점을 극대화하는 접근이 필요하다. 이는 옴니채널 전략을 통해 가능하다. 예를 들어, 고객이 온라인에서 상품을 주문하고 오프라인 매장에서 픽업할 수 있는 서비스를 제공하거나, 오프라인 매장에서 디지털 디스플레이를 활용하여 추가 정보를 제공하는 등 다양한 방식을 도입할 수 있다. 이러한 융합 전략은 고객에게 일관된 경험을 제공하고, 구매 편의성을 높이는 데 기여한다.

셋째, 빅데이터와 인공지능(AI)의 활용이다. 디지털 환경에서는 빅데이터와 인공지능을 활용하여 상권 활성화 기획의 효율성을 높일 수 있다. 이는 고객 데이터 분석을 통해 고객의 행동 패턴을 이해하고, 맞춤형 마케팅 전략을 수립하는 과정이다. 예를 들어, 상점에서 수집된 고객 구매 데이터를 분석하여 고객의 선호 상품과 소비 패턴을 파악하고, 이를 바탕으로 개인화된 마케팅 메시지를 제공할 수 있다. 또한, 인공지능을 활용하여 고객 문의에 실시간으로 대응하거나, 재고 관리와 같은 운영 효율성을 높일 수 있다.

넷째, 전자상거래 플랫폼의 활용이다. 디지털 환경에서 로컬상권의 경쟁력을 유지하기 위해서는 네이버 장보기, 배달앱, 스마트스토어 등 전자상거래 플랫폼을 적극 활용하는 것이 중요하다. 이는 온라인쇼핑몰 구축, 오픈마켓 입점, 소셜 커머스 활용 등을 포함한다. 예를 들어, 상점들은 네이버 스마트스토어에 자체 온라인쇼핑몰을 구축하여 온라인 판매를 확대하거나, 네이버 쿠팡 등 쇼핑몰에 입점하여 더 많은 고

상권 활성화 프로젝트 기획 실무

객에게 접근할 수 있다. 또한, 라이브커머스를 통해 실시간으로 고객과 소통하며 판매를 진행하는 것도 효과적인 전략이다.

다섯째, 고객 경험 개선을 위한 디지털 기술 도입이다. 디지털 환경에서는 고객 경험이 중요한 경쟁 요소다. 이를 위해 디지털 기술을 활용하여 고객 경험을 개선하는 것이 필요하다. 예를 들어, 상점 내에서 고객이 상품을 가상으로 체험할 수 있도록 하거나, 키오스크를 도입하여 고객이 스스로 주문할 수 있도록 하는 등의 방법이 있다. 이러한 기술 도입은 고객에게 새로운 경험을 제공하고, 상점의 경쟁력을 높이는 데 기여한다.

여섯째, 디지털화된 고객 서비스이다. 디지털 환경에서는 고객 서비스 역시 디지털화가 필요하다. 이는 고객 문의에 대한 빠르고 정확한 대응, 고객 피드백 수집과 분석, 온라인 리뷰 관리 등을 포함한다. 예를 들어, 챗봇을 활용하여 고객의 문의에 24시간 대응하거나, 고객 피드백을 자동으로 수집하고 분석하여 서비스 개선에 활용하는 방법이 있다. 또한, 네이버 리뷰나 배달앱 리뷰와 같은 온라인 리뷰를 관리하고, 고객의 불만 사항을 신속하게 해결하는 것도 중요하다.

일곱째, 지역 기반의 디지털 네트워크 구축이다. 디지털 환경에서 상권 활성화를 위해서는 지역 기반의 디지털 네트워크를 구축하는 것이 중요하다. 이는 지역 상점 간의 협력과 정보 공유를 촉진하고, 공동의 디지털 마케팅 활동을 추진하는 과정이다. 예를 들어, 지역 상점들이 함께 네이버 장보기를 운영하거나, 공동의 소셜 미디어 캠페인을 진행하여 상권 전체의 인지도를 높일 수 있다. 이러한 네트워크 구축은 상점 간의 시너지를 창출하고, 상권의 경쟁력을 강화하는 데 기여한다.

디지털 환경하에서의 상권 활성화 기획 요소들은 상호 유기적으로 작용하여 상권 활성화 기획의 성공을 도모하며, 지역 상권의 경쟁력을 높이고 지속 가능한 발전을 이끄는 데 중요한 역할을 한다.

03

디지털 시대 상권 분석

디지털 도구를 활용한 상권 분석

    디지털 시대에 상권 분석은 과거와 다른 혁신적인 접근이 필요하다. 다양한 디지털 도구와 데이터 플랫폼을 활용하여 보다 정교하고 실시간으로 상권의 현황을 분석할 수 있게 되었다. 이 장에서는 주요 디지털 도구를 활용한 상권 분석 방법에 대해 살펴본다.

    첫째, 소상공인시장진흥공단의 상권정보시스템이다. 소상공인시장진흥공단의 상권정보시스템은 소상공인들이 상권 분석을 위해 많이 활용하는 도구 중 하나다. 이 시스템은 전국의 상권 정보를 종합적으로 제공하며, 상권 내 유동 인구, 매출 정보, 점포 수 등의 데이터를 제공한다. 예를 들어, 특정 지역의 상권을 분석할 때, 해당 지역의 유동 인구가 어느 시간대에 가장 많은지, 주요 고객층은 어떤 연령대와 성별인지 등의 정보를 파악할 수 있다. 이를 통해 상권의 특성을 이해하고, 적절한 마케팅 전략을 수립할 수 있다.

    둘째, 국토지리정보시스템이다. 국토지리정보시스템은 지리적 정보를 기반으로 상권 분석에 유용한 데이터를 제공한다. 이는 상권의 지리적 특성, 교통 상황, 인구 분포 등을 분석하는 데 도움이 된다. 예를 들어, 특정 상권이 위치한 지역의 지형적 특징, 접근성, 주변 인프라 등을 파악할 수 있다. 이를 통해 상권의 위치적 장점과 단점을 분석하고, 상권 활성화 전략을 세울 수 있다. 국토지리정보시스템을 활용하면 상권의 물리적 환경을 정밀하게 분석할 수 있다.

셋째, 구글 데이터랩이다. 구글 데이터랩은 구글 검색 데이터를 기반으로 상권의 트렌드를 분석하는 데 유용하다. 이는 소비자들이 어떤 검색어를 많이 입력하는지, 특정 키워드의 검색량이 어떻게 변화하는지를 파악할 수 있다. 예를 들어, 특정 상권에서 인기 있는 상품이나 서비스가 무엇인지, 소비자들이 어떤 정보에 관심을 가지고 있는지 등의 트렌드를 분석할 수 있다. 이를 통해 상권의 최신 트렌드를 파악하고, 마케팅 전략에 반영할 수 있다.

넷째, 네이버 데이터랩이다. 네이버 데이터랩은 네이버의 검색 데이터를 기반으로 상권 분석을 할 수 있는 도구다. 이는 특정 키워드의 검색량, 연령대별·성별 검색 비율 등을 제공하여 상권의 소비자 트렌드를 분석하는 데 유용하다. 예를 들어, 특정 상권에서 어떤 연령대와 성별의 소비자들이 주로 검색하는 키워드가 무엇인지, 해당 키워드의 검색량이 어떤 패턴을 보이는지 등을 분석할 수 있다. 이를 통해 상권의 타겟 고객층을 명확히 하고, 맞춤형 마케팅 전략을 수립할 수 있다.

다섯째, KT 등 통신사의 유동인구 데이터다. KT와 같은 통신사들은 유동인구 데이터를 제공하여 상권 분석에 큰 도움을 준다. 이는 특정 지역의 시간대별 유동 인구, 연령대별·성별 인구 분포 등의 정보를 포함한다. 예를 들어, 특정 상권의 유동 인구가 가장 많은 시간대와 요일을 파악하고, 주요 고객층의 특성을 분석할 수 있다. 이러한 데이터는 상권의 운영 시간 결정, 마케팅 캠페인 진행 시기 등을 계획하는 데 중요한 정보를 제공한다.

여섯째, 한국관광공사 관광 빅데이터랩이다. 한국관광공사의 관광 빅데이터랩은 관광 관련 데이터를 제공하여 상권 분석에 유용하다. 이는 관광객의 이동 경로, 관광 명소의 방문객 수, 관광객의 소비 패턴 등을 분석할 수 있다. 예를 들어, 특정 상권이 위치한 지역에 방문하는 관광객의 특성을 파악하고, 이들을 대상으로 한 마케팅 전략을 수립할 수 있다. 관광객이 많이 찾는 지역에서는 관광객의 니즈를 반영한 상품과 서비스를 제공함으로써 상권 활성화를 도모할 수 있다.

이처럼 다양한 디지털 도구들은 상권 분석을 보다 정교하고 실시간으로 할 수 있게 해준다. 각각의 도구들은 상권의 특정 측면을 분석하는 데 강점을 가지며, 이를 종합적으로 활용하면 보다 정확한 상권 분석이 가능하다. 디지털 도구를 활용한 상권 분석은 상권의 현재 상태를 명확히 파악하고, 향후 발전 방향을 설정하는 데 중요한 역할을 한다.

이러한 도구들을 적절히 활용하면 상권의 경쟁력을 높이고, 지속 가능한 발전을 도모할 수 있다. 디지털 시대에서 상권 분석은 이러한 디지털 도구들을 통해 새로운 차원으로 발전하고 있으며, 이는 상권 활성화 기획의 성공을 위한 중요한 기반이 된다.

빅데이터와 상권 분석

　디지털 시대에 빅데이터는 상권 분석의 핵심 도구로 자리 잡고 있다. 방대한 양의 데이터를 수집하고 분석함으로써 상권의 현재 상태를 정확히 파악하고, 향후 전략을 수립하는 데 중요한 정보를 제공한다. 이 장에서는 빅데이터가 상권 분석에 어떻게 활용되는지, 그 구체적인 방법과 사례를 살펴본다.

　첫째, 빅데이터의 개념과 중요성이다. 빅데이터는 방대한 양의 데이터를 의미하며, 이러한 데이터는 다양한 소스에서 수집된다. 이는 전통적인 데이터 분석 방식으로는 처리하기 어려운 방대한 양의 데이터이지만, 적절한 분석 도구와 기법을 활용하면 매우 유용한 정보를 도출할 수 있다. 상권 분석에서는 고객의 구매 패턴, 유동 인구, 소셜 미디어 활동 등 다양한 데이터를 활용하여 상권의 특성을 파악할 수 있다. 예를 들어, 특정 상권의 주요 고객층이 어떤 상품을 선호하는지, 어느 시간대에 가장 많이 방문하는지 등의 정보를 빅데이터를 통해 얻을 수 있다.

　둘째, 빅데이터 수집 방법이다. 상권 분석을 위한 빅데이터는 다양한 경로를 통해 수집된다. 이는 주로 POS 시스템, 모바일 기기, 소셜 미디어, 온라인 검색, 신용카드 사용 기록 등에서 비롯된다. 예를 들어, POS 시스템을 통해 상점의 매출 데이터를 수집하고, 이를 분석하여 어느 상품이 가장 많이 팔리는지, 어느 시간대에 매출이 높은지를 파악할 수 있다. 또한, 모바일 기기를 통해 유동 인구 데이터를 수집하고, 소셜 미디어와 온라인 검색 데이터를 통해 고객의 관심사와 트렌드를 분석할 수 있다.

셋째, 빅데이터 분석 기법이다. 수집된 빅데이터를 효과적으로 분석하기 위해서는 다양한 기법이 사용된다. 이는 데이터 마이닝, 머신러닝, 통계 분석 등이다. 예를 들어, 데이터 마이닝 기법을 통해 상권 내 고객의 구매 패턴을 분석하고, 머신러닝 알고리즘을 활용하여 향후 매출을 예측할 수 있다. 또한, 통계 분석을 통해 상권의 강점과 약점을 파악하고, 이를 바탕으로 전략을 수립할 수 있다. 이러한 빅데이터 분석 기법은 상권 분석의 정확성과 효율성을 높이는 데 중요한 역할을 한다.

넷째, 빅데이터를 활용한 상권 분석 사례다. 실제로 빅데이터를 활용하여 성공적으로 상권을 분석한 사례를 살펴보면 그 효과를 명확히 이해할 수 있다. 예를 들어, 미국의 대형 유통업체인 월마트는 고객의 구매 데이터를 분석하여 특정 시간대와 요일에 어떤 상품이 많이 팔리는지 파악하고, 이를 바탕으로 재고 관리와 마케팅 전략을 최적화했다. 이러한 빅데이터 분석을 통해 월마트는 매출을 크게 증가시킬 수 있었다.

　　　　　　　　　　　　　　　상권 활성화 프로젝트 기획 실무

다섯째, 빅데이터와 고객 맞춤형 서비스다. 빅데이터를 활용하면 고객 맞춤형 서비스를 제공할 수 있다. 이는 고객의 개별적인 취향과 요구를 반영한 맞춤형 상품과 서비스를 제공하는 과정이다. 예를 들어, 고객의 구매 이력을 분석하여 그들이 선호하는 상품을 추천하거나, 특정 고객에게 맞춤형 할인 쿠폰을 제공하는 등의 방법이 있다. 이러한 고객 맞춤형 서비스는 고객 만족도를 높이고, 고객 충성도를 강화하는 데 효과적이다.

여섯째, 빅데이터와 상권의 미래 예측이다. 빅데이터는 단순히 현재의 상태를 분석하는 것에 그치지 않고, 미래의 트렌드를 예측하는 데도 활용된다. 이는 머신러닝과 예측 분석 기법을 통해 가능하다. 예를 들어, 과거의 매출 데이터를 분석하여 향후 몇 달 동안의 매출을 예측하거나, 유동 인구 데이터를 기반으로 특정 이벤트가 상권에 미치는 영향을 예측할 수 있다. 이러한 미래 예측은 상권 활성화 전략을 수립하는 데 중요한 정보를 제공한다.

결론적으로, 빅데이터는 상권 분석의 필수 도구로서, 방대한 양의 데이터를 수집하고 분석함으로써 상권의 특성을 정확히 파악하고, 향후 전략을 수립하는 데 중요한 역할을 한다. 빅데이터 수집 방법, 분석 기법, 실제 사례 등을 통해 빅데이터가 상권 분석에 어떻게 활용되는지 명확히 이해할 수 있다. 빅데이터를 활용한 상권 분석은 상권의 경쟁력을 높이고, 지속 가능한 발전을 도모하는 데 필수적인 요소다. 디지털 시대에서 상권 분석은 빅데이터를 통해 새로운 차원으로 발전하고 있으며, 이는 상권 활성화 기획의 성공을 위한 중요한 기반이 된다.

전통시장과 골목상권의 온라인과 오프라인 데이터 통합

디지털 시대에 전통시장과 골목상권의 활성화는 온라인과 오프라인 데이터를 통합하여 이루어질 수 있다. 전통적인 상권의 특성과 디지털 기술을 결합함으로써, 보다 효율적이고 체계적인 상권 분석과 활성화 전략을 수립할 수 있다. 이 장에서는 전통시장과 골목상권의 특성을 반영한 온라인과 오프라인 데이터의 통합 방법을 살펴본다.

첫째, 전통시장과 골목상권의 특성이다. 전통시장과 골목상권은 지역경제와 문화의 중심지로서 중요한 역할을 한다. 이곳은 주로 소규모 상점들로 이루어져 있으며, 지역 주민들과의 긴밀한 관계를 형성하고 있다. 예를 들어, 전통시장은 신선한 농산물과 지역특산물을 제공하며, 골목상권은 독특한 소규모 가게들과 카페들로 구성되어 있다. 이러한 상권들은 대형 쇼핑몰이나 온라인 쇼핑과는 다른 독특한 매력을 지니고 있다.

둘째, 오프라인 데이터의 중요성이다. 전통시장과 골목상권의 분석에서는 오프라인 데이터가 중요한 역할을 한다. 이는 유동 인구, 방문객

상권 활성화 프로젝트 기획 실무

의 연령대와 성별, 소비 패턴 등을 포함한다. 예를 들어, 전통시장에서 어떤 시간대에 방문객이 가장 많은지, 골목상권의 특정 가게에 어떤 연령대의 고객이 주로 방문하는지를 파악할 수 있다. 이러한 오프라인 데이터는 상권의 현황을 정확히 이해하고, 상권 활성화 전략을 수립하는 데 필수적이다.

셋째, 온라인 데이터의 활용이다. 디지털 시대에 전통시장과 골목상권도 온라인 데이터를 활용하여 상권을 분석하고, 마케팅 전략을 수립할 수 있다. 이는 소셜 미디어 활동, 온라인 리뷰, 검색엔진 데이터 등을 포함한다. 예를 들어, 전통시장 내 특정 상점의 소셜 미디어 팔로워 수와 반응을 분석하거나, 골목상권의 가게에 대한 온라인 리뷰를 통해 고객의 만족도와 불만 사항을 파악할 수 있다. 이러한 온라인 데이터는 상권의 디지털 존재감을 높이고, 고객과의 소통을 강화하는 데 중요한 역할을 한다.

넷째, 온라인과 오프라인 데이터의 통합이다. 전통시장과 골목상권의 활성화를 위해서는 온라인과 오프라인 데이터를 통합하여 종합적인 분석을 수행하는 것이 필요하다. 이는 데이터를 상호 보완적으로 활용하여 상권의 전반적인 상황을 파악하고, 전략을 수립하는 과정이다. 예를 들어, 유동 인구 데이터와 소셜 미디어 데이터를 결합하여 특정 시간대와 요일에 상권을 방문하는 고객의 특성을 분석할 수 있다. 또한, 오프라인 매출 데이터와 온라인 리뷰를 비교 분석하여 고객 만족도를 평가하고, 서비스 개선 방안을 도출할 수 있다.

다섯째, 디지털 도구와 플랫폼의 활용이다. 전통시장과 골목상권의 데이터 통합에는 다양한 디지털 도구와 플랫폼이 활용될 수 있다. 이는 상권 분석 시스템, 고객 관리 시스템(CRM), 소셜 미디어 분석 도구 등이다. 예를 들어, 상권 분석 시스템을 통해 유동 인구와 매출 데이터를 실시간으로 모니터링하고, CRM을 통해 고객의 구매 이력과 선호도를 관리하며, 소셜 미디어 분석 도구를 통해 온라인 상의 고객 반응을 분석할 수 있다. 이러한 도구들은 데이터 통합과 분석을 효율적으로 수행하는 데 도움을 준다.

　전통적인 상권의 특성과 디지털 기술을 결합함으로써, 보다 효율적이고 체계적인 상권 분석과 활성화 전략을 수립할 수 있다. 오프라인 데이터는 상권의 현황을 정확히 이해하는 데 필수적이며, 온라인 데이터는 디지털 존재감을 높이고 고객과의 소통을 강화하는 데 중요한 역할을 한다. 다양한 디지털 도구와 플랫폼을 활용하여 데이터를 통합하고 분석하면, 전통시장과 골목상권의 경쟁력을 높이고 지속 가능한 발전을 도모할 수 있다. 디지털 시대에서 전통시장과 골목상권의 활성화는 이러한 데이터 통합을 통해 새로운 차원으로 발전할 수 있으며, 이는 상권 활성화 기획의 성공을 위한 중요한 기반이 된다.

상권환경 분석의
프로세스와 내용

상권환경 분석은 사업 성공의 중요한 첫 단계이다. 특히 전통시장과 지역 상점가는 많은 소상공인과 창업자들에게 매력적인 장소이다. 하지만 성공하기 위해서는 체계적인 상권환경 분석이 필수적이다. 이 글에서는 상권환경 분석의 목표와 방향 설정, 외부 환경 분석, 내부 환경 분석, SWOT 분석 및 전략과제 도출에 대해 살펴본다.

1. 목표 및 방향 설정

상권환경 분석의 첫 단계는 목표와 방향을 설정하는 것이다. 이는 상권 분석의 목적을 명확히 하고, 분석 결과를 어떻게 활용할 것인지를 결정하는 단계이다. 목표와 방향 설정은 다음과 같은 질문들을 포함할 수 있다.

- 상권 분석의 목적은 무엇인가?
- 분석 결과를 통해 얻고자 하는 정보는 무엇인가?
- 분석 결과를 통해 어떤 전략을 수립할 것인가?

【상권환경 분석의 프로세스와 내용】

목표 및 방향 설정	외부환경 분석	내부환경 분석	SWOT 분석 및 전략과제 도출
▪상권 환경 분석 목표 ▪환경분석 방향 설정 ▪환경분석의 요소 및 내용 파악 ▪조사 및 분석 방법 결정	▪거시(PEST) 분석 ▪업종 분석 ▪경쟁 분석 ▪고객 분석	▪상권 현황 ▪인프라 및 편의시설 ▪상권의 운영방식 ▪상인의식/역량 ▪상점 구성 및 배치 ▪서비스 수준 ▪특화자원 및 경험요소	▪SWOT 분석 ▪SWOT 전략 ▪전략과제 도출

2. 외부 환경 분석

외부 환경 분석은 거시 환경, 업종 환경, 경쟁 환경, 고객 환경 등 네 가지 주요 요소로 나뉜다. 각각의 요소를 철저히 분석함으로써 상권의 전반적인 외부 환경을 이해할 수 있다.

거시 환경 분석

거시 환경 분석은 경제, 정치, 사회, 기술 등의 큰 틀에서 상권에 영향을 미치는 요소를 분석하는 것이다. 경제적 요소로는 지역경제 성장률, 소득 수준, 소비자 물가 지수 등을 포함할 수 있다. 정치적 요소로는 정부의 정책, 법률 및 규제 등이 있다. 사회적 요소로는 인구 통계, 라이프스타일 변화 등을 분석한다. 기술적 요소로는 기술 발전과 그로 인한 소비 패턴 변화를 포함한다.

업종 환경 분석

업종 환경 분석은 특정 업종의 동향과 트렌드를 분석하는 것이다. 전통시장의 경우 식료품, 의류, 생활용품 등 다양한 업종이 혼재되어 있으므로, 각 업종의 시장 규모, 성장률, 경쟁 강도 등을 분석해야 한다. 업종별 소비 트렌드와 소비자 선호도도 중요한 요소이다.

또한 전통시장과 상점가의 특화업종 구성, 유통업태인 전통시장, 대형마트, 이커머스, 복합몰 등의 흐름도 파악한다.

경쟁 환경 분석

경쟁 환경 분석은 시장 내 경쟁자들을 분석하는 것이다. 경쟁자의 수, 규모, 위치, 강점과 약점을 파악함으로써 자신만의 경쟁 우위를 찾을 수 있다. 예를 들어, 인근 상점가나 대형 마트와의 경쟁 상황을 분석하고, 전통시장이 갖는 독특한 장점을 부각하는 전략을 세울 수 있다.

고객 환경 분석

고객 환경 분석은 주요 타겟 고객층을 분석하는 것이다. 고객의 인구 통계학적 특성(연령, 성별, 소득 수준 등), 소비 패턴, 선호도 등을 분석하여 고객의 요구와 기대를 충족시킬 수 있는 전략을 수립한다. 예를 들어, 전통시장의 경우 지역 주민 외에도 관광객을 대상으로 한 마케팅 전략을 고려할 수 있다.

3. 내부 환경 분석

내부 환경 분석은 상권의 내부 요소들을 철저히 분석하는 과정이다. 상권 현황, 인프라 및 편의시설, 운영방식, 상인 의식 및 역량, 상점 구성 및 배치, 서비스 수준, 특화 자원 및 경험 등 다양한 요소를 포함한다.

상권 현황

상권 현황 분석은 상권의 위치, 규모, 주요 고객층 등을 파악하는 것이다. 전통시장의 경우 상권의 역사와 전통, 주요 고객층의 특성을 분석하여 시장의 고유한 특성을 이해할 수 있다.

인프라 및 편의시설

인프라 및 편의시설 분석은 상권 내 교통 접근성, 주차 시설, 화장실, 휴식 공간 등 고객의 편의를 위한 시설을 파악하는 것이다. 좋은 인프라와 편의시설은 고객 유입에 큰 영향을 미친다.

운영방식

운영방식 분석은 전통시장 및 상점가는 물론 상권 내 점포들의 운영 방식을 파악하는 것이다. 영업시간, 서비스 방식, 가격 정책 등을 분석하여 상권 전체의 운영 효율성을 높이는 방안을 모색한다.

| 상인 의식 및 역량

상인 의식 및 역량 분석은 상인들의 서비스 마인드, 고객 대응 능력, 전문성 등을 평가하는 것이다. 이는 상권의 전체적인 서비스 수준을 향상시키는 데 중요한 요소이다.

| 상점 구성 및 배치

상점 구성 및 배치 분석은 상점들의 종류와 위치를 파악하는 것이다. 상점들의 배치가 고객의 동선과 쇼핑 편의성에 어떤 영향을 미치는지를 분석하여 최적의 상점 배치 방안을 모색한다.

| 서비스 수준

서비스 수준 분석은 고객에게 제공되는 서비스의 질을 평가하는 것이다. 이는 고객 만족도와 재방문율에 직접적인 영향을 미친다.

| 특화 자원 및 경험요소

특화 자원 및 경험요소 분석은 상권이 가진 독특한 자원이나 경험을 파악하는 것이다. 전통시장의 경우 지역특산물이나 전통적인 시장 분위기 등이 특화 자원이 될 수 있다.

4. SWOT 분석 및 전략과제 도출

마지막으로, SWOT 분석을 통해 상권의 강점(Strengths), 약점

(Weaknesses), 기회(Opportunities), 위협(Threats)을 종합적으로 분석한다. 이를 바탕으로 상권의 경쟁력을 높일 수 있는 전략과제를 도출한다.

강점(Strengths)

상권이 가진 강점은 무엇인가? 예를 들어, 전통시장은 신선한 식료품과 다양한 상품을 저렴한 가격에 제공할 수 있다는 강점을 가질 수 있다.

약점(Weaknesses)

상권이 가진 약점은 무엇인가? 전통시장은 시설이 노후화되어 있거나, 현대적인 마케팅 기법이 부족할 수 있다.

기회(Opportunities)

상권이 가진 기회는 무엇인가? 예를 들어, 최근 전통시장의 활성화를 위한 정부 지원 정책이 있다면 이를 기회로 활용할 수 있다.

위협(Threats)

상권이 직면한 위협은 무엇인가? 대형마트나 온라인 쇼핑의 성장 등이 전통시장에 위협이 될 수 있다.

전략과제 도출

SWOT 분석 결과를 바탕으로, 상권의 강점을 강화하고 약점을 보완하며 기회를 활용하고 위협에 대응할 수 있는 전략과제를 도출한다. 예를 들어, 전통시장의 경우 시설 개선, 상인 교육, 현대적인 마케팅 기법 도입 등을 통해 경쟁력을 강화할 수 있다.

상권환경 분석은 전통시장과 지역 상점가의 성공을 위한 필수적인 과정이다. 목표와 방향을 설정하고, 외부 환경과 내부 환경을 철저히 분석하며, SWOT 분석을 통해 전략과제를 도출함으로써, 상권의 경쟁력을 높일 수 있다. 이러한 체계적인 접근은 상권의 지속 가능한 성장을 위한 중요한 밑거름이 될 것이다.

04

상권 외부 및 내부환경 분석

외부 환경 분석

상권 활성화를 위해서는 외부 환경을 면밀히 분석하는 것이 필수적이다. 외부 환경 분석은 거시적 환경 요인, 업종의 특성, 경쟁 상황, 고객 특성 등을 포함하여 상권에 영향을 미치는 다양한 요소들을 종합적으로 파악하는 과정이다. 이 장에서는 전통시장 및 골목상권의 특성을 반영하여 외부 환경을 분석하는 방법을 살펴본다.

1. 거시 환경 분석(PEST 분석)

PEST 분석은 정치적(Political), 경제적(Economic), 사회문화적(Social Cultural), 기술적(Technological) 요인들을 종합적으로 분석하는 방법이다. 이는 상권에 영향을 미치는 외부 환경을 체계적으로 파악하는 데 도움을 준다.

정치적 요인(Political)

전통시장과 골목상권은 정부의 정책과 규제에 직접적인 영향을 받는다. 예를 들어, 정부의 소상공인 지원 정책이나 전통시장 활성화 정책은 상권에 긍정적인 영향을 미칠 수 있다. 또한, 각종 세제 혜택이나 재정 지원 프로그램을 통해 상권의 경제적 부담을 줄이고 활성화를 도모할 수 있다. 반면, 새로운 규제나 정책 변경은 상권 운영에 부정적인 영향을 미칠 수 있다. 예를 들어, 환경 규제가 강화되면 비용이 증가할 수 있다.

경제적 요인(Economic)

경제적 요인은 상권의 매출과 소비자 행동에 큰 영향을 미친다. 경제 상황이 호황일 때는 소비자들의 구매력이 높아져 상권의 매출이 증가할 수 있지만, 불황일 때는 소비가 줄어들어 매출이 감소할 수 있다. 또한, 금리, 인플레이션, 실업률 등의 경제 지표들도 상권에 영향을 미친다. 예를 들어, 금리 인상으로 소비자들의 지출 여력이 줄어들면 상권의 매출에도 부정적인 영향을 미칠 수 있다.

사회문화적 요인(Social Cultural)

사회적 요인은 소비자들의 가치관, 라이프스타일, 인구 통계 등의 변화를 포함한다. 예를 들어, 고령화 사회에서는 노인층을 위한 서비스와 상품의 수요가 증가할 수 있으며, 젊은 세대는 트렌드에 민감하고 디지털 경험을 중시하는 경향이 있다. 또한, 건강과 웰빙을 중시하는 트렌드가 확산됨에 따라 유기농 제품이나 헬스케어 관련 상품의 수요가 증가할 수 있다. 전통시장과 골목상권은 이러한 사회적 변화에 민감하게 대응해야 한다.

기술적 요인(Technological)

기술적 요인은 상권의 운영 방식과 고객 경험에 큰 변화를 가져올 수 있다. 예를 들어, 온라인 쇼핑의 확산과 모바일 결제 시스템의 도입은 전통적인 상거래 방식을 변화시키고 있다. 전통시장과 골목상권도 이러한 기술적 변화에 적응하여 온라인 판매 채널을 구축하거나, 모바일 결제 시스템을 도입함으로써 고객 편의를 높일 수 있다. 또한, 빅데이터와 인공지능을 활용한 마케팅 전략은 상권의 경쟁력을 강화할 수 있다.

2. 업종 분석

전통시장과 골목상권의 업종 분석은 각 상권의 특성과 시장 내 위치를 이해하는 데 중요하다. 전통시장은 다양한 업종으로 구성되어 있으며, 각각의 세부 업종에 따라 특화 방향과 포지셔닝 전략이 필요하다.

전통시장의 업태

전통시장은 주로 신선 식품, 의류, 잡화, 생활용품, 전통 음식점 등 다양한 업종으로 구성된다. 예를 들어, 신선 식품 코너는 지역 농산물과 수산물을 주로 판매하며, 의류 상점은 저렴한 가격과 다양한 디자인의 상품을 제공한다. 전통 음식점은 지역 특산 음식을 제공하여 관광객과 지역 주민 모두에게 인기를 끌 수 있다.

세부 업종에 따른 특화 방향

전통시장의 각 세부 업종은 그 특성에 맞는 특화 방향을 설정할 필요가 있다. 예를 들어, 신선 식품 코너는 유기농 상품과 지역특산물을 강조하여 건강과 웰빙을 중시하는 소비자를 공략할 수 있다. 의류 상점은 트렌디한 디자인과 합리적인 가격을 강조하여 젊은 세대를 겨냥할 수 있다. 전통 음식점은 독특한 메뉴와 전통적인 분위기를 조성하여 문화적 체험을 제공할 수 있다.

포지셔닝 전략

각 전통시장의 전통시장 전체 또는 세부 업종별로 포지셔닝 전략을 수립하여 차별화된 경쟁력을 확보해야 한다. 예를 들어, 지역 주민을 위한 전통시장은 '신선함과 품질'을 강조하고, 관광객 중심의 전통시장은 '맛있는 로컬먹거리와 특별한 경험'을 강조하는 방식이다.

3. 경쟁 분석

전통시장 및 상점가는 다양한 경쟁 요인에 직면해 있다. 골목상권, 대형유통업체, 경쟁 전통시장 및 상점가, 지역 식자재마트 및 복합몰, 이커머스 쇼핑몰 등과의 경쟁 상황을 종합적으로 분석해야 한다.

골목상권과의 경쟁

골목상권은 전통시장과 유사한 고객층을 대상으로 하며, 특색 있는 소규모 상점들이 주를 이루고 있다. 골목상권의 강점은 독특한 분위기와 차별화된 상품에 있다. 예를 들어, 개성 있는 카페, 소규모 공방, 독립 서점 등은 젊은 층과 문화적 트렌드에 민감한 소비자들을 끌어들인다. 전통시장은 신선함과 지역특산물로 차별화를 시도하고, 지역사회와의 연계를 강화하여 골목상권과의 경쟁에서 우위를 점할 수 있다.

대형유통업체와의 경쟁

대형유통업체는 가격 경쟁력과 다양한 상품 구비로 인해 강력한 경쟁 상대다. 예를 들어, 이마트, 롯데마트와 같은 대형마트는 한 곳에서 모든 쇼핑을 해결할 수 있는 편리함과 저렴한 가격을 제공한다. 전통시장은 이에 대응하여 신선도, 품질, 지역특산물 등으로 차별화하며, 고객과의 친밀한 관계를 강조하는 전략을 구사해야 한다. 예를 들어, 신선한 농산물 직거래 장터를 열거나, 지역 농산물 축제를 통해 고객 참여를 유도할 수 있다.

경쟁 전통시장 및 상점가

인근의 다른 전통시장과의 경쟁도 중요한 요소다. 각 전통시장은 고유의 특성을 살려 경쟁력을 강화해야 한다. 예를 들어, 한 전통시장이 주로 신선한 해산물로 유명하다면, 다른 전통시장은 다양한 식재료나 지역 특산품으로 차별화할 수 있다. 또한, 협력을 통해 상호 보완적인 관계를 형성할 수도 있다. 예를 들어, 공동 마케팅 캠페인을 진행하거나, 서로의 강점을 활용한 특별 이벤트를 개최할 수 있다.

지역 식자재마트 및 복합몰과의 경쟁

지역 식자재마트와 복합몰은 편리한 접근성과 다양한 상품 구비로 인해 전통시장에 큰 영향을 미친다. 예를 들어, 지역 식자재마트는 신선한 식재료를 저렴한 가격에 제공하며, 복합몰은 쇼핑과 엔터테인먼트를 한 곳에서 즐길 수 있는 편리함을 제공한다. 전통시장은 품질과 신선도를 강조하며, 지역특산물을 중심으로 차별화된 마케팅을 추진할 수 있다. 예를 들어, 로컬푸드 페스티벌을 개최하거나, 장인정신이 깃든 수제 제품을 홍보하는 것이다.

│ 이커머스 쇼핑몰과의 경쟁

온라인 쇼핑몰은 편리한 쇼핑 경험과 다양한 상품을 제공한다. 예를 들어, 쿠팡, 네이버 스마트스토어와 같은 온라인 플랫폼은 24시간 언제든지 쇼핑할 수 있는 편리함을 제공한다. 전통시장은 온라인 채널을 적극 활용하여 오프라인과 온라인을 연계한 판매 전략을 수립하고, 고객의 편의성을 높일 수 있다. 예를 들어, 온라인 주문 후 전통시장에서 픽업하는 서비스나, 전통시장의 신선한 식품을 온라인으로 판매하는 방안을 도입할 수 있다.

4. 고객 분석

고객 분석은 상권의 주요 고객층을 이해하고, 그들의 요구와 기대를 파악하는 과정이다. 이는 맞춤형 마케팅 전략을 수립하고 고객 만족도를 높이는 데 중요하다.

│ 주요 고객층 파악

전통시장과 골목상권의 주요 고객층을 파악하고, 연령대, 성별, 직업, 소득 수준 등의 인구 통계를 분석한다. 예를 들어, 전통시장은 주로 중장년층과 노인층이 주요 고객일 수 있으며, 이들은 신선한 식품과 합리적인 가격을 중시한다. 반면, 골목상권은 젊은 층과 직장인들이 주로 방문하며, 이들은 독특한 경험과 트렌디한 상품을 선호한다. 이러한 인구 통계 분석은 고객층의 특성을 이해하고, 이를 반영한 맞춤형 전략 수립에 도움이 된다.

고객의 요구와 기대 분석

고객들이 상권을 방문하는 주요 이유와 기대하는 바를 파악한다. 예를 들어, 전통시장 고객들은 신선한 식품과 합리적인 가격을 기대할 수 있으며, 상인들과의 친밀한 관계도 중요한 요소다. 골목상권의 고객들은 독특한 경험과 분위기를 기대하며, 개성 있는 상품과 서비스를 선호한다. 이러한 고객의 요구와 기대를 반영하여 상품 구성을 조정하고, 마케팅 전략을 수립할 수 있다.

고객 만족도 조사

고객의 만족도를 조사하여 상권의 강점과 개선점을 파악한다. 예를 들어, 설문조사나 인터뷰를 통해 고객들이 어떤 점에 만족하는지, 어떤 점을 개선했으면 하는지를 파악할 수 있다. 이를 바탕으로 고객 만족도를 높이기 위한 구체적인 방안을 마련할 수 있다. 예를 들어, 고객들이 불편함을 느끼는 부분을 개선하거나, 고객이 선호하는 상품과 서비스를 확대하는 등의 조치를 할 수 있다.

고객 행동 분석

고객의 행동 패턴을 분석하여 마케팅 전략을 최적화한다. 예를 들어, 고객들이 어느 시간대에 가장 많이 방문하는지, 주로 어떤 경로를 통해 상권을 찾는지를 파악할 수 있다. 이를 통해 최적의 운영 시간과 마케팅 채널을 결정할 수 있다. 또한, 고객의 구매 이력을 분석하여 맞춤형 프로모션을 제공하고, 재방문을 유도할 수 있다.

외부 환경 분석은 전통시장과 골목상권의 활성화를 위한 중요한 단계다. 위의 외부 환경을 종합적으로 파악함으로써 상권의 현재 상태를 명확히 이해하고, 향후 전략을 수립하는 데 필요한 정보를 제공한다. 이러한 외부 환경 분석은 상권 활성화 기획의 성공을 위한 중요한 기반이 된다.

내부 환경 분석

　전통시장과 골목상권의 활성화를 위해서는 내부 환경을 체계적으로 분석하는 것이 필수적이다. 내부환경 분석은 상권의 현황, 인프라 및 편의시설, 운영 방식, 상인들의 역량, 상점의 구성 및 배치, 서비스 수준, 특화자원 및 경험 등을 포함하여 상권 내부의 다양한 요소들을 종합적으로 파악하는 과정이다. 이 장에서는 전통시장 및 골목상권의 특성을 반영하여 내부환경을 분석하는 방법을 살펴본다.

1. 상권 현황

　상권 현황 분석은 상권의 위치, 규모, 주요 고객층 등을 파악하는 것이다. 전통시장과 지역상권의 경우 상권의 역사와 전통, 주요 고객층의 특성을 분석하여 시장의 고유한 특성을 이해할 수 있다.

｜ 상권의 위치와 규모

　전통시장의 경우, 상권의 위치는 그 상권의 활성화에 중요한 영향을 미친다. 주요 교통 요충지에 위치한 전통시장은 더 많은 고객 유입이 가능하다. 또한 시장의 규모 역시 중요하다. 큰 규모의 시장은 다양한 상품과 서비스를 제공할 수 있어 고객에게 더 큰 매력을 준다.

주요 고객층

전통시장과 지역상권의 주요 고객층을 파악하는 것도 중요하다. 예를 들어, 전통시장은 주로 지역 주민이 주 고객층이지만, 특정 시장은 관광객이 주요 고객층일 수도 있다. 고객층의 연령, 성별, 소득 수준, 구매 패턴 등을 분석하여 이들의 요구를 충족시킬 수 있는 전략을 수립할 수 있다.

2. 인프라 및 편의 시설

시설의 현대화

전통시장과 골목상권의 시설현대화는 상권의 경쟁력을 강화하는 중요한 요소다. 예를 들어, 전통시장의 경우, 깨끗하고 정돈된 환경을 제공하기 위해 정기적인 청소와 위생 관리를 강화할 필요가 있다. 또한, 고객의 편의를 위해 현대적인 편의시설을 도입하는 것도 중요하다. 골목상권은 트렌디한 인테리어와 편리한 시설을 갖추어 고객의 체류 시간을 늘리고 방문의 즐거움을 더할 수 있다.

주차 및 접근성

고객의 접근성을 높이기 위해 주차시설과 교통 편의성을 개선하는 것이 필요하다. 전통시장은 충분한 주차 공간을 확보하고, 시장 주변의 차량 흐름을 원활하게 관리해야 한다. 골목상권은 대중교통 접근성을 높이고, 고객이 편리하게 방문할 수 있도록 해야 한다. 예를 들어, 지하철역이나 버스 정류장에서 쉽게 접근할 수 있는 위치에 상점을 배치하는 것이 중요하다.

│ 화장실 및 휴식 공간

화장실과 휴식 공간은 고객의 편의를 위한 기본적인 시설이다. 청결하고 편리한 화장실과 휴식 공간은 고객 만족도를 높이는 데 중요한 역할을 한다. 이러한 시설의 수, 위치, 청결 상태 등을 평가하여 개선 방안을 모색한다.

3. 상권의 운영 방식

│ 운영 구조와 관리 체계

전통시장과 골목상권의 운영 구조와 관리 체계는 상권의 효율성을 결정하는 중요한 요소다. 전통시장은 보통 상인회나 시장 관리 위원회가 운영을 주도하며, 시장 내 상점들의 협력을 통해 운영된다. 이러한 구조는 상인들 간의 협업과 상호 지원을 촉진하지만, 동시에 의사결정 과정이 복잡해질 수 있다. 골목상권은 개별 상점들이 독립적으로 운영되지만, 상점 간 협력이 부족할 경우 상권 전체의 활성화가 어려울 수 있다.

운영 시간과 영업 정책

상권의 운영 시간과 영업 정책도 내부환경 분석의 중요한 요소다. 전통시장은 보통 아침 일찍부터 운영을 시작하여 오후 늦게까지 영업하며, 주말에도 영업하는 경우가 많다. 반면, 골목상권의 상점들은 운영 시간이 다양하며, 주로 저녁 시간대와 주말에 집중되는 경향이 있다. 운영 시간의 최적화는 고객 유입을 극대화하는 데 중요하며, 고객의 편의를 고려한 영업 정책이 필요하다.

4. 상인들의 의식과 역량

상인들의 전문성 및 서비스 수준

전통시장과 골목상권의 상인들은 상권의 경쟁력을 결정하는 핵심 요소다. 상인들의 전문성, 서비스 태도, 고객 응대 능력 등은 고객 만족도에 직접적인 영향을 미친다. 전통시장의 상인들은 주로 오랜 경험을 바탕으로 전문성을 보유하고 있으며, 고객과의 친밀한 관계를 형성하는 데 강점이 있다. 골목상권의 상인들은 트렌드를 반영한 상품 구성과 개성 있는 서비스로 젊은 층의 호응을 얻을 수 있다.

상인 교육 및 훈련 프로그램

상인들의 역량 강화를 위해 교육 및 훈련 프로그램을 운영하는 것이 중요하다. 예를 들어, 고객 응대 기술, 상품 진열 및 판매 기법, 디지털 마케팅 등 다양한 주제로 교육 프로그램을 제공할 수 있다. 이를 통해 상인들의 서비스 수준을 향상시키고, 상권 전체의 경쟁력을 높일 수

상권 활성화 프로젝트 기획 실무

있다. 또한, 상인들 간의 네트워킹을 촉진하여 상호 학습과 협력을 강화할 수 있다.

5. 상점의 구성 및 배치

상점 구성의 다양성

전통시장과 골목상권의 상점 구성은 상권의 매력을 결정하는 중요한 요소다. 전통시장은 신선한 농산물, 수산물, 의류, 잡화 등 다양한 상품을 제공하며, 상점의 다양성이 상권의 경쟁력을 높인다. 골목상권은 개성 있는 카페, 음식점, 소규모 상점 등이 주를 이루며, 독특한 상점 구성은 젊은 층의 호응을 얻는 데 유리하다. 상점 구성의 다양성은 고객에게 다양한 선택지를 제공하고, 상권 방문의 즐거움을 더한다.

상점 배치의 효율성

상점 배치의 효율성도 내부환경 분석의 중요한 요소다. 전통시장은 상품군별로 상점을 배치하여 고객이 쉽게 원하는 상품을 찾을 수 있도록 해야 한다. 예를 들어, 농산물 코너, 수산물 코너, 의류 코너 등을 구분하여 배치하고, 각 코너를 명확하게 표시하는 것이 중요하다. 골목상권은 상점 간의 이동 동선을 고려하여 고객이 자연스럽게 여러 상점을 방문할 수 있도록 배치해야 한다. 예를 들어, 카페와 음식점, 소규모 상점이 조화를 이루는 배치는 고객의 체류 시간을 늘리고, 상점 간 시너지를 창출할 수 있다.

6. 서비스 수준

| 고객 서비스

전통시장과 골목상권의 서비스 수준은 고객 만족도와 재방문율에 큰 영향을 미친다. 전통시장의 상인들은 오랜 경험을 바탕으로 고객과의 친밀한 관계를 형성하며, 개인화된 서비스를 제공할 수 있다. 예를 들어, 단골고객에게 특별한 할인을 제공하거나, 개인적인 관심을 기울여 고객 만족도를 높일 수 있다. 골목상권의 상인들은 개성 있는 서비스와 독특한 경험을 제공하여 젊은 층의 호응을 얻을 수 있다. 예를 들어, 트렌디한 메뉴와 인테리어를 갖춘 카페는 고객에게 새로운 경험을 제공한다.

| 고객 피드백 시스템

고객의 의견을 적극적으로 수렴하고 개선하는 피드백 시스템을 운영하는 것도 중요하다. 예를 들어, 설문조사나 인터뷰를 통해 고객의 요구와 기대를 파악하고, 이를 반영한 개선 방안을 마련할 수 있다. 고객의 피드백을 통해 상권의 강점과 약점을 명확히 이해하고, 서비스 수준을 지속적으로 향상시킬 수 있다.

7. 특화 자원 및 경험요소

특화 자원 및 경험 분석은 상권이 가진 독특한 자원이나 경험을 파악하는 것이다. 전통시장의 경우 지역특산물이나 전통적인 시장 분위

상권 활성화 프로젝트 기획 실무

기 등이 특화 자원이 될 수 있다.

지역특산물

전통시장은 지역특산물을 통해 다른 상권과 차별화될 수 있다. 지역특산물의 종류와 품질을 평가하여 이를 홍보하고 판매 전략을 강화할 수 있다.

전통적인 시장 분위기

전통시장은 그 자체로 독특한 분위기를 제공한다. 이러한 분위기를 유지하고 강화하는 것은 고객에게 특별한 쇼핑 경험을 제공한다. 전통적인 시장 분위기를 유지하면서 현대적인 편의성을 추가하여 고객 만족도를 높일 수 있다.

전통시장과 골목상권의 내부환경 분석은 상권의 현황, 인프라 및 편의시설, 운영 방식, 상인들의 역량, 상점의 구성 및 배치, 서비스 수준, 특화 자원 및 경험요소 등을 종합적으로 파악하는 과정이다. 이러한 내부환경 분석은 상권의 강점과 약점을 명확히 이해하고, 상권 활성화를 위한 구체적인 전략을 수립하는 데 필수적인 정보를 제공한다. 전통시장과 골목상권은 내부환경을 지속적으로 개선함으로써 상권의 경쟁력을 높이고, 고객 만족도를 향상시킬 수 있다.

05

디지털 시대 고객과 소비 트렌드

디지털 시대의 소비자 행동

디지털 시대에 소비자 행동은 급격히 변화하고 있다. 전통시장과 골목상권, 로컬상권은 이러한 변화에 발맞추어 적절한 대응 전략을 마련해야 한다. 디지털 기술의 발전과 모바일 기기의 보급은 소비자들의 쇼핑 습관과 행동에 큰 영향을 미치고 있으며, 이러한 변화는 상권의 운영 방식에도 큰 변화를 요구하고 있다. 이 장에서는 디지털 시대에 변화하는 소비자 행동을 분석하고, 전통시장 및 골목상권이 이를 어떻게 반영할 수 있는지 살펴본다.

1. 온라인과 오프라인 쇼핑의 경계가 모호

옴니채널 쇼핑의 확산

디지털 시대에는 온라인과 오프라인의 경계가 점점 모호해지고 있다. 소비자들은 온라인과 오프라인을 넘나들며 쇼핑을 즐긴다. 예를 들어, 소비자는 온라인에서 상품을 검색하고 정보를 얻은 후, 실제 매장에서 상품을 확인하고 구매를 결정하는 경우가 많다. 전통시장과 골목상권은 이러한 소비자 행동에 대응하여 옴니채널 전략을 도입할 필요가 있다. 예를 들어, 온라인에서 상품 정보를 제공하고, 오프라인 매장에서 직접 체험할 수 있도록 하는 것이다.

모바일 쇼핑의 증가

스마트폰의 보급으로 모바일 쇼핑이 크게 증가했다. 소비자들은 언제 어디서나 모바일 기기를 통해 상품을 검색하고 구매할 수 있다. 이는 상권에 큰 기회를 제공한다. 예를 들어, 전통시장과 골목상권은 모바일 쇼핑 플랫폼을 활용하여 고객에게 더 편리한 쇼핑 경험을 제공할 수 있다. 모바일 결제 시스템을 도입하거나, 모바일 앱을 통해 다양한 프로모션 정보를 제공하는 등의 방법이 있다.

2. 개인화된 쇼핑 경험의 중요성

데이터 기반의 맞춤형 서비스

디지털 시대에는 데이터 분석을 통해 소비자의 행동 패턴을 이해하고, 개인화된 쇼핑 경험을 제공하는 것이 중요하다. 예를 들어, 고객의 구매 이력을 분석하여 맞춤형 추천 상품을 제공하거나, 개인의 선호도에 맞춘 마케팅 메시지를 전달하는 것이다. 전통시장과 골목상권은 POS 시스템과 CRM(고객 관계 관리) 시스템을 활용하여 고객 데이터를 수집하고 분석할 수 있다. 이를 통해 고객의 재방문율을 높이고, 충성도를 강화할 수 있다.

소셜 미디어와 고객 소통

소셜 미디어는 소비자와의 소통을 강화하는 중요한 채널이다. 소비자들은 소셜 미디어를 통해 제품에 대한 리뷰를 남기고, 상점과 직접 소통하며, 새로운 제품과 프로모션에 대한 정보를 얻는다. 전통시장과 골목상권은 소셜 미디어를 적극 활용하여 고객과의 소통을 강화할 수 있다. 예를 들어, 페이스북, 인스타그램, 유튜브 등을 통해 상점의 소식을 전하고, 고객의 피드백을 수렴하며, 다양한 이벤트를 진행하는 것이다.

3. 편리함을 추구하는 소비자

빠르고 간편한 쇼핑

디지털 시대의 소비자들은 쇼핑의 편리함을 중시한다. 빠르고 간편한 쇼핑 경험을 제공하는 것이 중요하다. 전통시장과 골목상권은 이러한 요구에 부응하기 위해 다양한 방법을 모색해야 한다. 예를 들어, 온라인 주문 후 오프라인 매장에서 상품을 픽업할 수 있는 서비스를 제공하거나, 빠른 배송 서비스를 도입하는 것이다. 또한, 간편한 결제 시스템을 도입하여 고객의 편의를 높일 수 있다.

한눈에 비교 가능한 정보 제공

소비자들은 다양한 상품을 비교하여 최적의 선택을 하고자 한다. 이를 위해 한눈에 비교할 수 있는 정보를 제공하는 것이 중요하다. 예를 들어, 전통시장과 골목상권은 온라인 플랫폼을 통해 각 상점의 상품 정보와 가격을 비교할 수 있도록 하거나, 주요 상품의 특징을 쉽게 비교할 수 있는 가이드를 제공할 수 있다. 이는 소비자들이 보다 쉽게 구매 결정을 내릴 수 있도록 돕는다.

4. 지속 가능한 소비 트렌드

친환경 소비

환경 문제에 대한 관심이 높아지면서, 지속 가능한 소비를 추구하는 트렌드가 확산되고 있다. 소비자들은 친환경 제품을 선호하며, 지속 가능한 생산 방식을 중요하게 생각한다. 전통시장과 골목상권은 이러한 트렌드에 맞추어 친환경 상품을 제공하고, 지속 가능한 경영 방식을 도입할 필요가 있다. 예를 들어, 플라스틱 사용을 줄이고, 재사용 가능한 포장재를 사용하며, 로컬푸드를 강조하는 것이다. 이는 소비자들에게 긍정적인 반응을 이끌어내며, 상권의 이미지를 높이는 데 기여할 수 있다.

사회적 책임

소비자들은 기업의 사회적 책임을 중요하게 여긴다. 지역사회와의 연계, 공정무역, 사회적 기여 등을 고려하여 구매 결정을 내린다. 전통시장과 골목상권은 지역사회와의 연계를 강화하고, 사회적 책임을 다하는 경영 방식을 도입할 필요가 있다. 예를 들어, 지역 행사에 참여하거나, 지역사회에 기여하는 활동을 통해 소비자들에게 긍정적인 이미지를 심어줄 수 있다. 이는 소비자들이 상점과 브랜드에 대한 신뢰를 높이는 데 기여할 수 있다.

5. 경험을 중시하는 소비자

┆ 체험형 마케팅

디지털 시대의 소비자들은 단순한 상품구매를 넘어, 특별한 경험을 중시한다. 전통시장과 골목상권은 체험형 마케팅을 도입하여 소비자들에게 특별한 경험을 제공할 수 있다. 예를 들어, 전통시장에서 직접 요리 체험을 제공하거나, 골목상권에서 독특한 문화 이벤트를 개최하는 것이다. 이러한 체험형 마케팅은 소비자들의 관심을 끌고, 상권의 매력을 높이는 데 기여한다. 고객들은 단순히 물건을 사는 것이 아니라, 그 과정에서 재미와 감동을 느끼게 된다.

┆ 스토리텔링

소비자들은 제품과 상점에 대한 이야기에 감동해 구매 결정을 내리기도 한다. 전통시장과 골목상권은 자신들만의 이야기를 통해 소비자들과 감성적으로 연결될 수 있다. 예를 들어, 상인의 장인정신이나 상점의 역사, 제품의 제작 과정 등을 스토리텔링 형식으로 소개하는 것이다. 이러한 스토리텔링은 소비자들에게 상점과 제품에 대한 긍정적인 이미지를 심어주고, 구매를 유도할 수 있다. 이는 고객이 브랜드와 더 깊이 연결되고, 충성 고객으로 발전할 수 있는 계기를 제공한다.

6. 디지털 환경에서의 고객 경험

온라인 및 모바일 쇼핑의 편의성

디지털 시대의 소비자들은 온라인과 모바일 쇼핑의 편리함을 중시한다. 전통시장과 골목상권은 이러한 변화에 대응하여 온라인 및 모바일 쇼핑 플랫폼을 구축하고, 고객에게 편리한 쇼핑 경험을 제공해야 한다. 예를 들어, 모바일 앱을 통해 상품 정보를 제공하고, 온라인 주문 및 결제를 지원하며, 빠른 배송 서비스를 제공할 수 있다. 이는 고객들이 언제 어디서나 쉽게 쇼핑할 수 있도록 도와준다.

멀티채널 접근

디지털 시대에는 단일 채널이 아닌 멀티채널 접근이 중요하다. 전통시장과 골목상권은 오프라인 매장뿐만 아니라, 온라인 쇼핑몰, 소셜 미디어, 모바일 앱 등을 통해 고객과의 접점을 넓혀야 한다. 예를 들어, 오프라인 매장에서의 이벤트와 온라인 프로모션을 연계하거나, 소셜 미디어를 통해 실시간으로 고객과 소통하는 것이다. 멀티채널 접근은 고객에게 일관된 브랜드 경험을 제공하고, 상권의 접근성을 높이는 데 기여한다.

7. 고객 중심의 서비스 제공

맞춤형 서비스

데이터 분석을 통해 고객의 선호도를 파악하고, 맞춤형 서비스를 제공하는 것이 중요하다. 예를 들어, 고객의 구매 이력을 분석하여 개인 맞춤형 추천 상품을 제공하거나, 특정 고객에게만 제공되는 특별 할인 혜택을 부여하는 것이다. 이러한 맞춤형 서비스는 고객 만족도를 높이고, 재방문율을 증가시킬 수 있다.

| 고객 피드백 반영

고객의 의견을 적극적으로 수렴하고, 이를 반영하여 서비스를 개선하는 것이 필요하다. 예를 들어, 고객 설문조사나 소셜 미디어 피드백을 통해 고객의 요구와 불만 사항을 파악하고, 이를 개선하는 방안을 마련하는 것이다. 고객의 피드백을 반영하면, 상권의 서비스 수준을 지속적으로 향상시킬 수 있다.

8. 디지털 시대의 변화에 대한 대응 전략

| 디지털 마케팅 강화

디지털 시대의 소비자 행동을 반영하여 디지털 마케팅 전략을 강화해야 한다. 예를 들어, 검색 엔진 최적화(SEO), 소셜 미디어 마케팅, 이메일 마케팅 등을 통해 상권의 인지도를 높이고, 고객 유입을 촉진할 수 있다. 또한, 디지털 광고를 통해 타겟 고객에게 효과적으로 도달할 수 있다.

| 지속 가능한 경영 방침 도입

지속 가능한 소비 트렌드에 맞춰 친환경 제품을 확대하고, 지속 가능한 경영 방침을 도입해야 한다. 예를 들어, 재사용 가능한 포장재 사용, 에너지 절약, 친환경 인증 제품 판매 등을 통해 상권의 이미지를 개선하고, 고객의 신뢰를 얻을 수 있다.

커뮤니티와의 연계 강화

지역 커뮤니티와의 연계를 강화하여 상권의 사회적 책임을 다하고, 지역 주민들의 지지를 얻어야 한다. 예를 들어, 지역 축제나 행사에 참여하고, 지역사회에 기여하는 활동을 통해 상권의 긍정적인 이미지를 구축할 수 있다.

디지털 시대의 소비자 행동은 전통시장과 골목상권에 큰 영향을 미치고 있다. 지속 가능한 소비 트렌드, 편리함을 추구하는 소비자, 경험을 중시하는 소비자 행동에 대응하기 위해 상권은 다양한 전략을 마련해야 한다. 이러한 변화를 반영하여 상권을 운영하고 마케팅 전략을 수립함으로써, 전통시장과 골목상권은 디지털 시대에서도 경쟁력을 유지하고, 지속 가능한 발전을 도모할 수 있다.

MZ세대와 잘파세대

    디지털 시대에 MZ세대(밀레니얼세대와 Z세대)와 잘파세대(Z세대와 알파세대)는 소비 트렌드를 주도하는 중요한 고객층이다. 이들의 소비 패턴과 행동은 전통시장, 골목상권, 로컬상권의 활성화 전략 수립에 큰 영향을 미친다. 이 장에서는 MZ세대와 잘파세대의 특성을 분석하고, 전통시장 및 골목상권이 이들의 요구에 어떻게 대응할 수 있는지 살펴본다.

1. MZ세대와 알파세대 특성

│ 밀레니얼세대(1981-1996년 출생)

① **디지털 전환기**: 밀레니얼세대는 아날로그와 디지털 전환기를 경험한 세대이다. 인터넷과 스마트폰의 보급으로 디지털 환경에 자연스럽게 적응하였다.

② **사회적 책임**: 이들은 사회적 책임과 윤리를 중시하며, 환경 보호, 공정무역 등 사회적 이슈에 민감하다.

③ **경험 중시**: 물질적 소비보다 경험을 중시하며, 여행, 취미, 자기계발

등에 많은 관심을 가진다.

| Z세대(1997-2012년 출생)

① **디지털 네이티브**: 태어나면서부터 디지털 기기와 함께 자란 세대로, 인터넷, 스마트폰, 소셜 미디어를 일상적으로 사용한다.
② **개인화된 콘텐츠**: 자신만의 개성과 취향을 중요시하며, 개인화된 콘텐츠와 맞춤형 서비스를 선호한다.
③ **짧은 주의 집중 시간**: 짧은 주의 집중 시간으로 인해 짧고 강렬한 콘텐츠를 선호한다.

| 알파세대(Generation Alpha)

2010년대 초반부터 출생한 세대로, 밀레니얼세대의 자녀들이다. 이 세대는 기술이 더욱 발전한 환경에서 자라나고 있으며, AI, IoT 등 최신 기술에 익숙한 세대이다.

① **AI와 IoT 환경**: 알파세대는 AI와 IoT가 일상생활에 깊숙이 들어와 있는 환경에서 자라난다. 스마트 스피커, 자율주행차 등 기술의 혜택을 자연스럽게 누린다.
② **온라인 교육**: 온라인 교육 플랫폼과 디지털 학습 도구를 통해 교육을 받으며, 전통적인 교육 방식과는 다른 경험을 한다.
③ **사회적 인식**: 어릴 때부터 환경 보호, 다양성, 포용성 등 사회적 이슈에 대해 교육받고, 이를 자연스럽게 받아들인다.

2. MZ세대와 잘파세대의 소비 특성

| MZ세대의 소비특성

① **디지털 쇼핑**: MZ세대는 온라인 쇼핑을 선호하며, 모바일 쇼핑 비중이 높다. 소셜 미디어를 통해 제품 정보를 습득하고, 리뷰를 참고하여 구매 결정을 내린다.

② **브랜드 가치**: 브랜드의 사회적 책임과 윤리를 중시하며, 친환경 제품, 공정 무역 제품을 선호한다. 브랜드의 스토리와 가치관에 공감할 때 충성도가 높아진다.

③ **개인화**: 개인의 취향과 개성을 반영한 맞춤형 제품과 서비스를 선호한다. 개인화된 추천 시스템과 맞춤형 광고에 긍정적인 반응을 보인다.

④ **경험 중심**: 물질적 소비보다 경험을 중시하며, 여행, 이벤트, 취미 활동 등에 지출을 아끼지 않는다. 새로운 경험과 체험을 공유하는 것을 좋아한다.

⑤ **실시간 소통**: 실시간으로 브랜드와 소통하는 것을 선호하며, 빠르고 친절한 고객 서비스를 기대한다. 챗봇, SNS 등의 실시간 소통 채널을 적극 활용한다.

| 잘파세대의 소비특성

① **디지털 네이티브**: 잘파세대는 태어날 때부터 디지털 기기와 함께 자라나며, 자연스럽게 디지털 쇼핑과 디지털 콘텐츠 소비에 익숙하다.

② **영상 콘텐츠**: 짧고 강렬한 영상 콘텐츠를 선호하며, 유튜브, 틱톡

등의 플랫폼에서 많은 시간을 보낸다. 영상 콘텐츠를 통해 제품 정보를 습득하고, 구매 결정에 영향을 받는다.

③ **게임화**: 게임 요소가 포함된 제품과 서비스에 높은 관심을 보인다. 게이미피케이션(gamification) 전략이 잘파세대에게 효과적이다.

④ **친환경 의식**: 어릴 때부터 환경 보호 교육을 받아 친환경 제품과 지속 가능한 소비를 선호한다. 친환경 포장, 재활용 가능한 제품에 호의적이다.

⑤ **AR/VR 경험**: 증강 현실(AR)과 가상 현실(VR)을 활용한 체험형 마케팅에 긍정적인 반응을 보인다. 실제 제품을 가상으로 체험해 볼 수 있는 기술에 관심이 많다.

3. 전통시장과 골목상권의 대응 전략

디지털 플랫폼 활용

전통시장과 골목상권은 MZ세대와 잘파세대의 디지털 친화성을 반영하여 디지털 플랫폼을 활용해야 한다. 모바일 앱, 소셜 미디어, 온라인 쇼핑몰 등을 통해 상점 정보를 제공하고, 온라인 주문 및 결제를 지원할 수 있다. 예를 들어, 전통시장의 각 상점이 참여하는 통합 온라인 플랫폼을 구축하여, 고객이 온라인으로 주문하고 오프라인 매장에서 픽업할 수 있도록 하는 것이다. 이는 고객들에게 편리함을 제공할 뿐만 아니라, 온라인과 오프라인의 시너지를 극대화할 수 있다.

체험형 마케팅 도입

전통시장과 골목상권은 체험형 마케팅을 도입하여 MZ세대와 잘파세대의 관심을 끌 수 있다. 예를 들어, 전통시장에서 전통 음식 만들기 체험 프로그램을 제공하거나, 골목상권에서 독특한 문화 행사를 개최하는 것이다. 이러한 체험형 마케팅은 고객에게 특별한 경험을 제공하고, 상권의 매력을 높이는 데 기여한다. 또한, 이러한 체험을 통해 상권에 대한 긍정적인 기억을 심어주어 재방문을 유도할 수 있다.

친환경 및 사회적 책임 강조

전통시장과 골목상권은 MZ세대와 잘파세대의 친환경 및 사회적 책임 중시 경향을 반영하여 경영 방식을 개선해야 한다. 친환경 상품을 확대하고, 플라스틱 사용을 줄이며, 재사용 가능한 포장재를 사용하는 등의 친환경 경영 방식을 도입할 수 있다. 또한, 지역사회와의 연계를 강화하고, 사회적 책임을 다하는 활동을 통해 긍정적인 이미지를 구축할 수 있다. 예를 들어, 지역 환경 보호 활동에 참여하거나, 지역사회 행사에 후원하는 등의 활동을 통해 사회적 책임을 다하는 모습을 보여줄 수 있다.

개인화된 서비스 제공

전통시장과 골목상권은 MZ세대와 잘파세대의 개인화된 경험 요구를 반영하여 맞춤형 서비스를 제공해야 한다. 고객의 구매 이력을 분석하여 개인 맞춤형 추천 상품을 제공하거나, 특정 고객에게만 제공되는 특별 할인 혜택을 부여하는 등의 맞춤형 서비스를 도입할 수 있다.

이러한 개인화된 서비스는 고객 만족도를 높이고, 재방문율을 증가시킬 수 있다. 또한, 고객이 특별히 대우받는다는 느낌을 주어 충성 고객으로 발전시킬 수 있다.

소셜 미디어 활용

전통시장과 골목상권은 소셜 미디어를 적극 활용하여 MZ세대와 잘파세대와 소통할 수 있다. 페이스북, 인스타그램, 유튜브 등으로 상점의 소식을 전하고, 고객의 피드백을 수렴하며, 다양한 이벤트를 진행하는 것이다. 소셜 미디어를 통해 고객과의 소통을 강화하고, 상권의 인지도를 높일 수 있다. 또한, 소셜 미디어에 상권의 일상적인 모습과 특별한 이벤트를 공유함으로써 고객과의 친밀감을 높일 수 있다.

지역사회와의 연계 강화

전통시장과 골목상권은 지역사회와의 연계를 강화하여 지역 주민들과의 유대감을 높여야 한다. 지역 행사에 참여하거나, 지역사회에 기여하는 활동을 통해 상권의 긍정적인 이미지를 구축할 수 있다. 예를 들어, 지역 축제에 후원하거나, 지역 주민을 대상으로 한 특별 할인 이벤트를 개최하는 것이다. 이러한 활동은 지역 주민들에게 상권에 대한 긍정적인 인식을 심어주고, 상권을 활성화하는 데 큰 도움이 된다.

지속 가능한 경영 방침 도입

지속 가능한 소비 트렌드에 맞춰 친환경 제품을 확대하고, 지속 가능한 경영 방침을 도입해야 한다. 예를 들어, 재사용 가능한 포장재 사용, 에너지 절약, 친환경 인증 제품 판매 등을 통해 상권의 이미지를 개선하고, 고객의 신뢰를 얻을 수 있다. 이러한 노력은 단기적으로는 비용이 들 수 있지만, 장기적으로는 고객의 충성도를 높이고, 지속 가능한 발전을 도모할 수 있다.

▎혁신적인 상품과 서비스 제공

전통시장과 골목상권은 MZ세대와 잘파세대의 요구를 반영하여 혁신적인 상품과 서비스를 제공해야 한다. 예를 들어, 새로운 트렌드를 반영한 독특한 상품을 기획하거나, 고객의 편의를 높이는 혁신적인 서비스를 도입하는 것이다. 이는 상권의 경쟁력을 강화하고, 고객의 관심을 끌어모으는 데 효과적이다.

MZ세대와 잘파세대는 전통시장과 골목상권의 주요 고객층으로서 중요한 역할을 한다. 이들의 디지털 친화성, 개인화된 경험 추구, 친환경 및 사회적 책임 중시 경향을 반영하여 적절한 전략을 마련함으로써 상권의 경쟁력을 강화할 수 있다. 디지털 플랫폼 구축, 체험형 마케팅 도입, 친환경 경영 방식, 개인화된 서비스 제공, 소셜 미디어 활용, 지역 사회와의 연계 강화, 지속 가능한 경영 방침 도입, 혁신적인 상품과 서비스 제공 등을 통해 전통시장과 골목상권은 MZ세대와 잘파세대의 요구를 충족시키고, 지속 가능한 발전을 도모할 수 있다.

새로운 소비자의 요구사항과 로컬상권의 대응

디지털 시대의 소비자들은 전통적인 소비 방식에서 벗어나 다양한 요구와 기대를 가지고 있다. 전통시장, 골목상권, 로컬상권은 이러한 새로운 소비자의 요구사항에 효과적으로 대응하여 경쟁력을 강화해야 한다. 이 장에서는 디지털 시대의 새로운 소비자 요구사항을 살펴보고, 전통시장 및 골목상권이 이에 어떻게 대응할 수 있는지 분석한다.

1. 새로운 소비자의 요구사항

편리성과 접근성

디지털 시대의 소비자들은 편리하고 접근하기 쉬운 쇼핑 환경을 선호한다. 이는 온라인 쇼핑의 확산으로 더욱 두드러지게 나타난다. 소비자들은 언제 어디서나 쉽게 상품을 검색하고 구매할 수 있는 편리함을 기대한다. 전통시장과 골목상권은 이러한 요구를 반영하여 접근성을 높이고, 쇼핑 편의성을 개선해야 한다.

개인화된 경험

소비자들은 자신만의 독특한 경험을 중시하며, 맞춤형 서비스를 기대한다. 이는 데이터 분석을 통해 소비자의 선호도와 행동 패턴을 이해하고, 개인화된 서비스를 제공하는 것을 의미한다. 소비자들은 자신에게 최적화된 상품 추천과 맞춤형 마케팅 메시지를 기대한다.

지속 가능성과 윤리적 소비

환경 보호와 사회적 책임을 중시하는 소비자들이 증가하고 있다. 이들은 친환경 제품을 선호하며, 윤리적 소비를 지향한다. 소비자들은 기업이 지속 가능한 경영 방침을 도입하고, 사회적 책임을 다하는 모습을 기대한다.

디지털 경험

소비자들은 디지털 기술을 활용한 혁신적인 쇼핑 경험을 기대한다. 이는 온라인 쇼핑, 모바일 결제, 가상현실(VR)과 증강현실(AR) 등을 포함한다. 디지털 경험은 소비자에게 새로운 재미와 편리함을 제공한다.

2. 로컬상권의 대응 전략

편리성과 접근성 개선

전통시장과 골목상권은 네이버 스마트플레이스, 네이버 장보기, 배달앱, 네이버예약, 쿠팡 등 온라인 플랫폼 입점을 통하여 소비자들이 언제 어디서나 쉽게 상품을 검색하고 구매할 수 있도록 해야 한다. 이는 소비자들이 오프라인 상권을 찾기 전에 상품을 미리 확인하고, 구매 결정을 내릴 수 있게 한다.

옴니채널 전략 도입

온라인과 오프라인을 연계한 옴니채널 전략을 도입하여 쇼핑의 편리함을 극대화할 수 있다. 예를 들어, 소비자가 온라인에서 주문한 상품을 오프라인 매장에서 픽업할 수 있도록 하거나, 오프라인 매장에서 상품을 보고 온라인으로 구매할 수 있는 시스템을 구축하는 것이다. 이는 소비자들에게 일관된 쇼핑 경험을 제공한다.

고객 접근성 향상

전통시장과 골목상권의 접근성을 높이기 위해 주차 시설을 확충하고, 대중교통 접근성을 개선할 필요가 있다. 예를 들어, 전통시장은 충분한 주차 공간을 확보하여 고객들이 차량을 이용해 편리하게 방문할 수 있도록 해야 한다. 또한, 시장 주변의 차량 흐름을 원활하게 관리하고, 고객들이 쉽게 시장에 접근할 수 있도록 표지판과 안내판을 설치하는 것도 중요하다. 이러한 접근성 향상은 고객들이 상권을 방문하는 데 불편함을 최소화하고, 방문객 수를 증가시키는 데 기여한다.

개인화된 경험 제공

전통시장과 골목상권은 고객의 구매 패턴과 선호도를 이해하고, 개인화된 추천 상품과 맞춤형 마케팅 메시지를 제공할 수 있다. 예를 들어, 특정 고객에게 맞춤형 할인 쿠폰을 제공하거나, 고객의 생일에 특별한 혜택을 부여하는 것이다. 이러한 개인화된 서비스는 고객 만족도를 높이고, 재방문율을 증가시킬 수 있다.

고객의 요구에 맞춘 맞춤형 서비스를 도입하여 고객 만족도를 높일 수 있다. 예를 들어, 고객의 선호도에 따라 개인 맞춤형 상품을 제작하거나, 고객이 원하는 시간에 맞춰 서비스를 제공하는 것이다. 이는 고객에게 특별한 대우를 받는다는 느낌을 주어 충성 고객으로 발전시킬 수 있다.

│ 지속 가능성과 윤리적 소비 대응

전통시장과 골목상권은 친환경 상품을 확대하여 환경 보호에 기여할 수 있다. 예를 들어, 플라스틱 사용을 줄이고, 재사용 가능한 포장재를 사용하는 것이다. 또한, 친환경 인증을 받은 상품을 판매하거나, 로컬푸드를 강조하여 환경 보호에 동참하는 모습을 보여줄 수 있다. 이러한 친환경 경영 방식은 소비자들에게 긍정적인 반응을 이끌어내며, 상권의 이미지를 높이는 데 기여할 수 있다.

│ 사회적 책임 강화

지역사회와의 연계를 강화하고, 사회적 책임을 다하는 활동을 통해 소비자들에게 긍정적인 이미지를 심어줄 수 있다. 예를 들어, 지역 행사에 참여하거나, 지역 주민을 대상으로 한 특별 할인 이벤트를 개최하는 것이다. 또한, 공정무역 제품을 판매하여 윤리적 소비를 지향하는 모습을 보여줄 수 있다. 이러한 사회적 책임 강화는 소비자들에게 신뢰를 주고, 상권의 지속 가능한 발전을 도모할 수 있다.

06

상권 활성화 SWOT 분석 및 전략과제

상권 활성화와 SWOT 분석

상권 활성화는 지역경제의 심장을 다시 뛰게 하는 중요한 과제다. 전통시장과 골목상권, 로컬상권은 각각의 독특한 특성을 가지고 있으며, 이들을 이해하고 분석하는 것은 상권 활성화의 첫걸음이다. 이러한 상권의 외부 및 내부 환경을 철저히 분석하는 것이 바로 SWOT 분석이다.

SWOT 분석은 강점(Strengths), 약점(Weaknesses), 기회(Opportunities), 위협(Threats)을 파악하여 전략을 수립하는 방법론이다. 이를 통해 상권의 현재 상태를 정확히 진단하고, 향후 나아갈 방향을 설정할 수 있다. 전통시장과 골목상권, 로컬상권 각각에 맞춘 SWOT 분석 방법론을 실무 중심으로 살펴보자.

먼저 전통시장이다. 전통시장은 오랜 역사와 함께 지역 주민에게 익숙한 장소이다. 강점으로는 다채로운 상품 구성과 친근한 상인들이 있다. 이러한 요소들은 고객들에게 친밀감을 주고, 재방문을 유도하는 중요한 요인이 된다. 그러나 시설의 노후화와 주차 공간 부족, 현대화된 쇼핑 환경에 비해 상대적으로 불편한 점은 약점으로 작용한다. 이러한 약점을 보완하기 위해 현대적 시설 개보수와 주차 공간 확충이 필요하다.

골목상권은 독특한 개성과 매력을 가지고 있다. 소규모 점포들이 모여 있어 고객들에게 다양한 선택지를 제공한다는 것이 강점이다. 또한 개별 점포들의 독창성이 고객의 흥미를 끌고, 차별화된 경험을 제공한다. 하지만 주차 문제와 접근성이 낮은 점은 큰 약점이다. 이를 개선하기 위해 공용 주차장을 마련하고, 대중교통과의 연계를 강화하는 방안이 필요하다.

로컬상권은 지역 주민의 일상생활과 밀접하게 연결되어 있다. 이러한 상권의 강점은 주민들과의 끈끈한 유대감과 신뢰성이다. 하지만 대형마트와의 경쟁에서 밀릴 수 있는 위험이 있다. 따라서 로컬상권의 상인들은 차별화된 서비스와 제품으로 경쟁력을 높여야 한다. 또한 지역 축제나 이벤트를 통해 상권을 홍보하고 활성화할 필요가 있다.

SWOT 분석의 다음 단계는 외부 환경 분석이다. 여기에는 상권 주변의 인구 통계, 경쟁 상권, 지역경제 상황 등이 포함된다. 예를 들어, 전통시장의 경우, 주변에 대형마트나 쇼핑몰이 생긴다면 이는 위협으로 작용할 수 있다. 반면, 지역특산물을 활용한 시장 축제는 기회가 될 수 있다. 골목상권과 로컬상권도 마찬가지로 외부 환경을 면밀히 분석해 위협과 기회를 파악해야 한다.

내부 환경 분석은 상권의 내부 요소를 점검하는 과정이다. 이는 상권 내 각 점포의 서비스 품질, 고객 관리, 재고 관리 등 운영 전반을 포함한다. 예를 들어, 전통시장의 경우, 상인들의 서비스 교육을 통해 고객 만족도를 높일 수 있다. 골목상권은 개별 점포들의 강점을 극대화하고, 약점을 보완하는 전략을 세울 수 있다. 로컬상권은 상인들 간의 협력을 통해 상권 전체의 경쟁력을 높이는 방향으로 나아갈 수 있다.

　이처럼 전통시장, 골목상권, 로컬상권 각각의 특성을 반영한 SWOT 분석을 통해 상권의 강점은 극대화하고, 약점은 보완하며, 기회는 적극적으로 활용하고, 위협은 미리 대비하는 전략을 수립할 수 있다. 상권 활성화는 단기적인 계획이 아니라 지속적인 노력이 필요한 과제다. 이러한 노력은 지역경제의 건강한 발전과 주민들의 행복한 생활을 위한 중요한 밑거름이 된다.

【상권 관련 SWOT 분석 예시 】

강점(Strengths)	약점(Weaknesses)
– 다양한 상품 구성 – 친근한 상인과 높은 고객 충성도 – 지역사회와의 긴밀한 유대 – 독특한 개성과 매력 – 로컬 특화상품과 서비스	– 시설 노후화 – 주차 공간 부족 – 불편한 쇼핑 환경 – 마케팅 및 홍보 부족 – 현대화된 경쟁 상권 대비 열세
기회(Opportunities)	위협(Threats)
– 정부 및 지자체의 지원 정책 – 로컬관광, 로컬 트렌드 부상 – 지역 관광에 대한 관심 증대 – 온라인을 통한 로컬홍보 콘텐츠 증가	– 온라인 쇼핑 점유율 확대 – 경제 불황으로 인한 소비 감소 – 새로운 트렌드의 부상에 따른 대응 리스크

SWOT 분석을 통한 활성화 전략과제 도출

SWOT 분석을 통해 상권의 강점, 약점, 기회, 위협을 파악한 후, 이를 바탕으로 구체적인 활성화 전략과제를 도출해야 한다. 상권 활성화의 핵심은 강점을 최대한 활용하고, 약점을 보완하며, 기회를 적극적으로 활용하고, 위협에 대비하는 것이다. 전통시장, 골목상권, 로컬상권의 특성을 반영하여 이를 통합한 전략과제를 도출하는 방법을 살펴본다.

1. 강점 활용 전략

먼저 강점을 활용하는 전략이다. 전통시장의 다양한 상품 구성과 친근한 상인, 골목상권의 독특한 개성과 매력, 로컬상권의 주민들과의 긴밀한 유대감 등은 모두 상권의 큰 자산이다. 이를 극대화하기 위해 다음과 같은 전략을 제안할 수 있다.

고객 체험 프로그램 개발

전통시장과 골목상권, 로컬상권의 강점을 활용한 고객 체험 프로그램을 개발한다. 예를 들어, 전통시장의 경우, 지역특산물을 활용한 요리 체험 프로그램을 운영할 수 있다. 골목상권은 독창적인 제품을 소개하는 워크숍을 개최하고, 로컬상권은 지역 주민들이 참여할 수 있는 다양한 이벤트를 기획한다.

상인 교육 및 역량 강화

상인들의 서비스 수준을 높이기 위해 정기적인 교육 프로그램을 운영한다. 이를 통해 고객 만족도를 높이고, 상권의 이미지를 개선할 수 있다. 특히, 친근한 상인들이 고객과의 관계를 더욱 강화할 수 있도록 지원한다.

지역사회와의 협력 강화

지역사회와의 긴밀한 협력을 통해 상권의 강점을 더욱 강화한다. 지역 축제나 이벤트를 공동으로 기획하고, 이를 통해 상권을 홍보한다. 또한, 지역사회의 다양한 의견을 수렴하여 상권 발전에 반영한다.

2. 약점 보완 전략

약점을 보완하는 전략도 중요하다. 상권의 약점을 극복하기 위해 다음과 같은 과제를 제안할 수 있다.

시설현대화 및 주차 공간 확충

전통시장과 골목상권, 로컬상권의 시설을 현대화하고, 주차 공간을 확충한다. 이는 고객들의 접근성을 높이고, 쇼핑 환경을 개선하는 데 큰 도움이 된다. 특히, 전통시장의 경우, 현대적 시설 개보수를 통해 고객들의 불편을 최소화한다.

온라인 마케팅 강화

상권의 마케팅 및 홍보를 강화하기 위해 온라인 플랫폼을 적극 활용한다. 소셜 미디어와 웹사이트를 통해 상권의 강점을 홍보하고, 고객들과의 소통을 강화한다. 또한, 온라인 판매를 통해 고객들에게 더욱 편리한 쇼핑 경험을 제공한다.

공용 주차장 및 대중교통 연계 강화

공용 주차장을 마련하고, 대중교통과의 연계를 강화하여 접근성을 높인다. 이는 고객들이 상권을 방문하는 데 있어 큰 편의를 제공한다. 특히, 골목상권의 경우, 접근성을 높이는 것이 중요한 과제다.

3. 기회 활용 전략

기회를 적극적으로 활용하는 전략도 필요하다. 상권의 기회를 최대한 활용하기 위해 다음과 같은 과제를 제안할 수 있다.

지역 축제 및 이벤트 개최

지역 축제나 이벤트를 통해 상권을 홍보하고, 고객들의 방문을 유도한다. 전통시장은 지역특산물을 활용한 축제를 개최하고, 골목상권은 독창적인 이벤트를 기획하며, 로컬상권은 지역 주민들이 참여할 수 있는 다양한 행사를 개최한다.

온라인 플랫폼 활용

온라인 플랫폼을 통해 상권을 홍보하고, 판매를 촉진한다. 소셜 미디어를 활용한 마케팅 캠페인과 온라인 쇼핑몰을 통해 고객들에게 다양한 선택지를 제공한다. 특히, 젊은 층의 고객들을 타겟으로 한 온라인 마케팅 전략이 필요하다.

관광객 유치 전략

관광객을 유치하기 위한 전략을 수립한다. 지역의 관광 명소와 연계한 패키지 상품을 개발하고, 이를 통해 관광객들의 방문을 유도한다. 전통시장은 역사와 문화를 접목한 관광 상품을 개발하고, 골목상권은 독특한 매력을 강조한 투어 프로그램을 운영하며, 로컬상권은 지역 주민들이 추천하는 관광 명소를 소개한다.

4. 위협 대비 전략

마지막으로 위협에 대비하는 전략이다. 상권의 위협 요인에 대비하기 위해 다음과 같은 과제를 제안할 수 있다.

경쟁 상권 분석 및 대응 전략 수립

대형 마트와 쇼핑몰 등 경쟁 상권의 동향을 분석하고, 이에 대응하는 전략을 수립한다. 상권의 강점을 강조한 차별화된 마케팅 전략을 통해 경쟁력을 강화한다.

경제 상황 변화에 대비한 전략

경제 불황과 같은 상황에 대비하기 위해 다양한 전략을 수립한다. 비용 절감 방안을 모색하고, 효율적인 운영 방식을 도입한다. 또한, 고객들에게 다양한 혜택을 제공하여 구매를 촉진한다.

이와 같이 SWOT 분석을 통해 도출된 전략과제를 실천함으로써 상권 활성화를 도모할 수 있다. 상권의 강점을 최대한 활용하고, 약점을 보완하며, 기회를 적극적으로 활용하고, 위협에 대비하는 전략이 필요하다. 이러한 전략과제들은 상권의 지속적인 발전과 지역경제 활성화에 큰 도움이 될 것이다.

【SWOT 전략과 전략과제 도출 프레임】

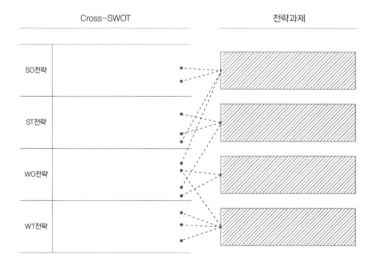

상권 활성화 프로젝트 기획 실무

전략과제 우선순위 도출과 상권 활성화 기획의 연계

1. 전략과제 도출의 중요성

SWOT 분석 결과를 바탕으로 상권의 경쟁력을 높일 수 있는 전략과제를 도출하는 것은 매우 중요하다. 전략과제는 강점을 강화하고, 약점을 보완하며, 기회를 활용하고, 위협에 대응할 수 있는 방향으로 설정된다. 이를 통해 상권의 경쟁 우위를 확보하고, 지속 가능한 성장을 도모할 수 있다.

2. 전략과제 우선순위 도출 방법

도출된 전략과제는 중요도, 실행 가능성, 시간적 우선순위를 고려하여 우선순위를 설정해야 한다. 우선순위 설정은 제한된 자원(인력, 자금, 시간 등)을 효과적으로 활용하여 최대의 성과를 내기 위한 중요한 과정이다.

중요도 평가

전략과제가 상권의 경쟁력 강화에 얼마나 중요한지를 평가한다. 고객 유입을 크게 증가시킬 수 있는 과제나 상권의 이미지를 개선할 수 있는 과제는 높은 중요도를 가진다. 예를 들어, 전통시장의 경우 신선한 식료품과 다양한 상품을 부각하기 위한 프로모션 강화는 높은 중요도를 가질 수 있다.

실행 가능성 평가

전략과제가 실제로 실행 가능한지를 평가한다. 실행에 필요한 자원(인력, 자금, 시간 등)을 고려하여, 실행 가능성이 높은 과제를 우선순위에 두어야 한다. 예를 들어, 상인의 서비스 교육 프로그램은 비교적 적은 자원으로 빠르게 실행할 수 있는 과제로 평가될 수 있다.

시간적 우선순위 설정

전략과제를 실행하는 데 걸리는 시간을 고려하여, 단기적으로 실행할 과제와 장기적으로 실행해야 할 과제를 구분한다. 단기적으로 빠른 효과를 볼 수 있는 과제를 먼저 실행하고, 장기적인 과제는 단계적으로 접근한다. 예를 들어, 단기적으로는 온라인 마케팅 캠페인을 즉시 실행하고, 장기적으로는 상권 전체의 리모델링을 계획할 수 있다.

3. 도출된 전략과제와 상권 활성화 기획의 연계 방안

도출된 전략과제를 상권 활성화 기획과 연계하여 효과적으로 실행하는 것이 중요하다. 이를 위해 다음과 같은 방안을 고려할 수 있다.

단기 전략과제와의 연계

단기적으로 실행할 전략과제는 빠르게 효과를 볼 수 있는 과제로서, 상권 활성화 기획의 초기에 집중적으로 추진해야 한다. 예를 들어, 프로모션 강화, 고객 서비스 개선, 온라인 마케팅 강화 등의 단기 전략과제를 먼저 실행하여 초기 성과를 창출하고, 상권 활성화의 동력을 얻을 수 있다.

중기 전략과제와의 연계

중기 전략과제는 단기 성과를 유지하고 확장하기 위한 과제로서, 상권 활성화 기획의 중간 단계에서 추진한다. 예를 들어, 시설 개선, 로열티 프로그램 도입 등의 중기 전략과제를 통해 상권의 경쟁력을 지속적으로 강화하고, 고객 충성도를 높일 수 있다.

장기 전략과제와의 연계

장기 전략과제는 상권의 지속 가능한 성장을 위한 과제로서, 상권 활성화 기획의 장기 비전과 연계하여 추진한다. 예를 들어, 상권 전체의 리모델링, 신규 고객층 유입 전략 등의 장기 전략과제를 통해 상권의 장기적인 발전을 도모할 수 있다.

4. 예시: 전통시장 전략과제 우선순위와 연계 방안

단기 전략과제

- 프로모션 강화: 신선한 식료품과 다양한 상품을 부각하기 위한 프로모션을 즉시 실시한다. 이를 통해 빠른 고객 유입을 유도하고, 초기 성과를 창출한다.

- 고객 서비스 개선: 상인의 서비스 교육을 통해 고객 만족도를 빠르게 향상시킨다. 이를 통해 고객의 재방문율을 높이고, 상권의 이미지를 개선한다.

- 온라인 마케팅 강화: 소셜 미디어와 온라인 플랫폼을 활용한 마케팅 캠페인을 즉시 실행하여, 온라인 고객층을 유입한다.

중기 전략과제

- 시설 개선: 노후된 시설을 단계적으로 개선하여 고객 편의성을 증대한다. 이를 통해 상권의 경쟁력을 유지하고 확장한다.

- 로열티 프로그램 도입: 고객 충성도를 높이기 위한 로열티 프로그램을 설계 및 실행하여, 장기적인 고객 관계를 구축한다.

장기 전략과제

- 상권 리모델링: 전통시장 전체를 리모델링해 현대적이고 편리한 쇼

핑 환경을 조성한다. 이를 통해 상권의 장기적인 발전을 도모한다.

- 신규 고객층 유입 전략: 인근 지역 개발에 맞춘 신규 고객층 유입을 위한 장기적인 마케팅 전략을 수립하여, 상권의 지속 가능한 성장을 지원한다.

상권환경 분석과 SWOT 분석을 통한 전략과제 도출은 상권 활성화를 위한 필수적인 과정으로 전략과제 도출의 중요성을 인식하고, 우선순위를 체계적으로 설정하여 제한된 자원을 효과적으로 활용할 수 있어야 한다. 도출된 과제를 상권 활성화 기획과 연계하여 단계적으로 실행함으로써, 상권의 경쟁력을 강화하고 지속 가능한 성장을 도모할 수 있다.

2부

상권 활성화 기획

07

상권 활성화 비전과 목표

상권 활성화 비전과 계획 수립 프로세스

【상권 활성화 계획 수립 프로세스】

상권 활성화 비전과 목표	상권 특화 활성화 콘셉트와 방향	상권 활성화 실행 프로그램 수립	상권 활성화 거버넌스 구축과 예산계획
• 상권 활성화 비전 • 상권 활성화 목표 • 목표달성을 위한 전략과제	• 상권 특성을 반영한 차별적인 콘셉트 • 상권 특화 활성화 방향 • 로컬경험과 스토리텔링 • 브랜딩과 홍보마케팅	• 하드웨어(H/W) • 소프트웨어(S/W) • 휴먼웨어(H/W) • 로컬 콘텐츠 창출	• 상권 활성화 거버넌스 구축 • 정부/지자체 지원 활용 • 예산계획 및 재원 조달 방안

상권 활성화 비전 및 실행 계획 프로세스는 상권의 지속 가능한 발전과 지역경제 활성화를 목표로 한다. 이를 위해 다음과 같은 네 가지 주요 단계로 구성된다.

1. 상권 활성화 비전과 목표

상권 활성화의 첫 단계는 명확한 비전과 목표를 설정하는 것이다. 이는 상권 활성화의 방향을 제시하고 모든 이해관계자가 공감할 수 있는 목표를 제시하는 데 중요하다.

- **상권 활성화 비전:** 지역 상권을 경제적, 사회적, 문화적으로 활기 넘치는 공간으로 재창조한다.
- **상권 활성화 목표:** 예를 들어, 3년 내 상권 내 매출 20% 증대, 방문객 수 30% 증가, 신규 창업자 50명 육성 등의 구체적인 목표를 설정한다.
- **목표 달성을 위한 전략과제:** 환경 개선, 지역 브랜딩 강화, 디지털 마케팅 도입, 소상공인 교육 프로그램 운영 등의 다양한 전략과제를 도출한다.

2. 상권 특화 활성화 콘셉트와 방향

상권의 특성을 반영한 차별적인 콘셉트를 설정하고, 이를 기반으로 상권 활성화 방향을 정립한다.

- **차별적인 콘셉트:** 지역의 역사, 문화, 자원을 반영한 상권 콘셉트를 설정한다. 예를 들어, "역사적 배경을 살린 문화 관광형 상권"이나 "지역특산물을 활용한 먹거리 중심 상권" 등을 생각할 수 있다.
- **상권 특화 활성화 방향:** 설정된 콘셉트를 바탕으로 문화 관광형 상권을 위해 지역 역사와 관련된 이벤트 및 투어 프로그램을 운영하거나, 먹거리 중심 상권을 위해 지역특산물을 활용한 요리 대회를 개최하는 방향으로 진행한다.

- **로컬 경험과 스토리텔링**: 지역 주민이 직접 참여하는 역사 투어 프로그램이나 지역특산물의 유래와 요리를 소개하는 스토리텔링 이벤트 등을 통해 상권의 매력을 극대화한다.
- **브랜딩과 홍보마케팅**: SNS를 활용한 지역 상권 홍보 캠페인이나 지역특산물을 활용한 브랜드 개발 및 마케팅 전략을 수립한다.

3. 상권 활성화 실행 프로그램 수립

비전과 목표, 특화 콘셉트와 방향을 설정한 후 이를 구체적으로 실현하기 위한 실행 프로그램을 수립한다. 이는 상권 활성화의 실질적인 성과를 도출하는 데 중요하다.

- **하드웨어(H/W)**: 상권 내 물리적 환경을 개선한다. 예를 들어, 상권 내 주차장 확충, 보행자 도로 정비, 휴게 공간 조성 등이 포함된다.
- **소프트웨어(S/W)**: 상권의 운영 효율성을 높이고 방문객의 만족도를 증대시키기 위한 프로그램을 수립한다. 예를 들어, 디지털 안내 시스템 도입, 상권 활성화 이벤트 기획 및 운영, 소상공인 교육 및 컨설팅 프로그램 등을 포함한다.
- **휴먼웨어(H/W)**: 상권 활성화를 위한 인적 자원을 강화한다. 예를 들어, 소상공인 대상 경영 교육 프로그램, 상권 내 일자리 창출 및 직무 교육 등을 포함한다.
- **로컬 콘텐츠 창출**: 지역의 고유한 콘텐츠를 발굴하고 이를 상권 활성화에 활용한다.

4. 상권 활성화 거버넌스 구축과 예산계획

상권 활성화를 위해서는 체계적인 거버넌스 구축과 효율적인 예산계획 수립이 필수적이다.

- 상권 활성화 거버넌스 구축: 상권 활성화를 위해 상인, 주민, 지자체 등 다양한 이해관계자가 참여하는 협력체계를 구축한다.
- 정부 및 지자체 지원 활용: 정부와 지자체의 지원 프로그램을 적극 활용하여 상권 활성화에 필요한 자원을 확보한다.
- 예산계획 및 재원 조달 방안: 체계적인 예산계획을 수립하고, 다양한 재원 조달 방안을 모색하여 상권 활성화 사업을 안정적으로 추진한다.

이와 같은 프로세스를 통해 상권 활성화를 체계적으로 추진함으로써 지역경제의 발전과 주민의 삶의 질 향상을 도모할 수 있다.

상권 활성화 비전 설정의 중요성

　상권 활성화는 지역경제의 활력을 불어넣고, 지역 주민들의 삶의 질을 향상시키기 위한 중요한 과제이다. 이를 성공적으로 이루기 위해서는 명확한 비전 설정이 필수적이다. 비전은 상권 활성화의 방향성을 제시하고, 상권 내 모든 구성원이 공통의 목표를 향해 나아갈 수 있도록 하는 지침 역할을 한다. 상권 활성화 비전 설정의 중요성에 대해 자세히 살펴보자.

　첫째, 비전은 상권의 미래를 그려보게 하는 역할을 한다. 비전은 상권이 나아가야 할 목표와 그 목표를 달성했을 때의 모습을 구체적으로 제시한다. 예를 들어, "2025년까지 지역 주민과 관광객 모두에게 사랑받는 전통시장으로 성장한다"는 비전은 전통시장이 어떤 모습으로 변화할지를 명확히 보여준다. 이는 상인들과 고객들에게 상권의 미래에 대한 기대감을 심어주고, 상권 활성화의 동기부여가 된다.

　둘째, 비전은 상권 활성화를 위한 전략 수립의 기준이 된다. 상권 활성화 전략은 비전을 바탕으로 수립되어야 한다. 비전이 없다면 전략 수립 과정에서 방향을 잃기 쉽고, 일관성 있는 실행이 어렵다. 비전은 전략의 초석이 되어 상권 활성화를 위한 모든 활동을 일관되게 이어주는 역할을 한다. 이를 통해 상권의 강점을 극대화하고, 약점을 보완하며, 기회를 활용하고, 위협에 대비하는 체계적인 전략을 수립할 수 있다.

【비전(VISION)의 역할】

(현재의 상황)   (미래의 모습)

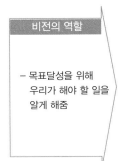
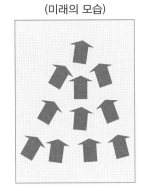

비전의 역할

- 목표달성을 위해
  우리가 해야 할 일을
  알게 해줌

셋째, 비전은 상권 내 구성원들의 공감대를 형성하는 데 중요한 역할을 한다. 비전은 상권 내 모든 구성원이 공유해야 하는 공통의 목표이다. 상인, 고객, 지역사회 등 상권 활성화에 관여하는 모든 사람이 같은 목표를 향해 나아갈 때, 더 큰 시너지 효과를 발휘할 수 있다. 비전 설정 과정에서 상권 내 구성원들의 의견을 수렴하고, 이를 반영하여 공감할 수 있는 비전을 제시하는 것이 중요하다. 이는 상권 활성화의 주체들이 자발적으로 참여하고 협력할 수 있는 기반이 된다.

넷째, 비전은 상권 활성화의 지속 가능성을 보장하는 역할을 한다. 비전은 단기적인 목표가 아닌, 장기적인 관점에서 상권의 미래를 바라

상권 활성화 프로젝트 기획 실무

보게 한다. 이를 통해 상권 활성화가 일시적인 성과에 그치지 않고, 지속 가능한 발전을 이룰 수 있도록 한다. 예를 들어, "지속 가능한 친환경 시장으로 거듭난다"는 비전은 상권의 장기적인 목표를 제시하며, 이를 달성하기 위한 지속적인 노력을 유도한다. 이는 상권의 경쟁력을 높이고, 지역사회와의 긴밀한 유대감을 유지하는 데 도움이 된다.

비전 설정의 중요성을 이해한 후에는 구체적인 비전 설정 과정을 살펴보자. 비전 설정 과정은 크게 네 가지 단계로 나눌 수 있다. 첫째, 현재 상권의 상태를 진단하는 단계이다. 상권의 강점과 약점, 기회와 위협을 분석하여 상권의 현재 상태를 파악한다. 둘째, 상권의 미래를 상상하는 단계이다. 상권이 나아가야 할 방향과 목표를 설정하고, 이를 달성했을 때의 모습을 구체적으로 그려본다. 셋째, 상권 내 구성원들과의 의견을 수렴하는 단계이다. 상권 활성화에 관여하는 모든 사람의 의견을 듣고, 이를 비전 설정에 반영한다. 넷째, 비전을 구체화하는 단계이다. 상권의 미래를 나타내는 명확하고 구체적인 비전을 설정하고, 이를 상권 내 모든 구성원이 공유할 수 있도록 한다.

비전 설정의 중요성은 상권 활성화의 성공 여부를 결정짓는 중요한 요소이다. 명확한 비전은 상권의 미래를 그려보게 하고, 전략 수립의 기준이 되며, 상권 내 구성원들의 공감대를 형성하고, 지속 가능한 발전을 보장한다. 비전 설정 과정은 현재 상태 진단, 미래 상상, 의견 수렴, 비전 구체화의 단계를 통해 이루어지며, 이를 통해 상권 활성화의 방향성과 목표를 명확히 할 수 있다.

상권 활성화 비전 설정은 단순히 상권의 미래를 그려보는 것이 아니다. 이는 상권 활성화를 위한 모든 활동의 출발점이며, 방향성을 제시하는 중요한 역할을 한다. 상권 활성화의 성공을 위해서는 명확한 비전 설정이 필수적이며, 이를 바탕으로 한 전략 수립과 실행이 필요하다. 상권 내 모든 구성원이 공감할 수 있는 비전을 제시하고, 이를 통해 지속 가능한 상권 활성화를 이뤄나가야 한다.

상권 활성화 비전을 설정할 때는 몇 가지 핵심 요소를 고려해야 한다.

첫째, 명확성이다. 비전은 구체적이고 명확해야 하며, 누구나 이해할 수 있는 언어로 표현되어야 한다. 모호한 비전은 상권 활성화의 방향성을 잃게 만든다.

둘째, 미래 지향성이다. 비전은 상권의 현재 상태를 넘어 미래의 모습을 그려야 한다. 이를 통해 상권 내 구성원들이 장기적인 목표를 가지고 행동할 수 있게 된다.

셋째, 공감대 형성이다. 비전은 상권 내 모든 구성원이 공감하고 동의할 수 있어야 한다. 이를 위해 비전 설정 과정에서 다양한 의견을 수렴하고 반영하는 것이 중요하다.

넷째, 실현 가능성이다. 비전은 이상적이지만 실현 가능해야 한다. 비현실적인 비전은 오히려 구성원들의 의욕을 꺾을 수 있다.

비전 설정의 예시는 다음과 같다. 예를 들어, 전통시장의 비전은 "2025년까지 지역 주민과 관광객 모두에게 사랑받는 문화와 역사의 중심 전통시장으로 성장한다"일 수 있다. 이 비전은 명확하고 구체적으로 전통시장이 어떤 모습으로 변화할지를 제시하며, 지역 주민과 관광객 모두에게 사랑받는다는 목표를 통해 공감대를 형성할 수 있다. 또한, 문화와 역사의 중심으로 성장한다는 미래 지향적인 목표를 담고 있으며, 2025년까지라는 시간적 범위를 설정하여 실현 가능성을 높인다.

또 다른 예로 로컬상권의 비전은 "지속 가능한 친환경 로컬상권으로 거듭나 지역경제와 환경을 함께 지킨다"가 될 수 있다. 이 비전은 지속 가능성과 친환경이라는 구체적 목표를 설정하고, 지역경제와 환경을 함께 지킨다는 상권의 미래를 그려준다. 또한, 지역 주민들이 쉽게 공감할 수 있는 목표를 제시하여 공감대를 형성하고, 실현 가능성 또한 높다.

【상권 활성화 비전 예시】

구분	비전 예시
전통시장	– 2025년까지 지역 주민과 관광객 모두에게 사랑받는 문화와 역사의 중심 전통시장 – 지역특산물과 연계한 명품 전통시장으로 성장 – 친환경과 현대화를 결합한 스마트 전통시장으로 변모
골목형 상점가	– 2025년까지 젊은 창업가들이 모이는 창의적이고 활기찬 골목상권 – 예술과 문화를 즐길 수 있는 독특한 골목형 상점가로 발전

로컬관광시장	– 전통과 현대가 조화를 이룬 관광형 로컬마켓으로 발전 – 지역 음식문화를 세계에 알리는 대표적인 거리로 발전
음식특화거리	– 2025년까지 미식가들이 모이는 전국 최고의 음식거리로 도약 – 로컬의 특화먹거리와 특별한 경험이 있는 음식거리

이처럼 상권 활성화 비전은 명확성, 미래 지향성, 공감대 형성, 실현 가능성을 고려하여 설정되어야 한다. 명확하고 구체적인 비전은 상권 활성화의 방향성을 제시하고, 상권 내 구성원들이 공통의 목표를 가지고 협력할 수 있게 한다. 이는 상권 활성화의 성공을 위한 중요한 출발점이며, 지속 가능한 발전을 위한 필수 요소이다.

구체적인 목표 설정 방법

비전을 설정한 후, 그 비전을 실현하기 위해 구체적인 목표를 설정하는 과정이 중요하다. 목표는 비전을 실현하기 위한 구체적이고 실질적인 단계로, 이를 통해 비전이 현실화된다. 목표 설정 방법을 살펴보고, 이를 비전과 연계하는 방안을 제시해 본다.

1. SMART 목표 설정

목표를 설정할 때는 SMART 원칙을 따르는 것이 효과적이다. SMART는 Specific(구체적), Measurable(측정 가능), Achievable(달성 가능), Relevant(관련성 있는), Time-bound(기한이 있는)의 약자다.

| 구체적(Specific)

목표는 명확하고 구체적이어야 한다. 예를 들어, "고객 만족도를 향상시키겠다"는 목표보다 "고객 만족도 설문조사에서 90점 이상을 받겠다"는 목표가 더 구체적이다.

측정 가능(Measurable)

목표는 측정 가능해야 한다. 예를 들어, "매출을 증가시키겠다"는 목표보다는 "매출을 20% 증가시키겠다"는 목표가 더 측정 가능하다.

달성 가능(Achievable)

목표는 달성 가능해야 한다. 너무 비현실적인 목표는 오히려 구성원들의 동기부여를 저해할 수 있다. 예를 들어, "3개월 내에 매출을 100% 증가시키겠다"는 목표보다는 "1년 내에 매출을 20% 증가시키겠다"는 목표가 더 현실적이다.

관련성 있는(Relevant)

목표는 비전과 관련성이 있어야 한다. 비전과 무관한 목표는 상권 활성화에 도움이 되지 않는다.

기한이 있는(Time-bound)

목표는 기한이 있어야 한다. 예를 들어, "고객 서비스를 개선하겠다"는 목표보다는 "6개월 내에 고객 서비스 개선 프로그램을 도입하겠다"는 목표가 더 효과적이다.

2. 목표 설정 과정

구체적인 목표를 설정하기 위해 다음과 같은 과정을 거칠 수 있다.

상권 활성화 프로젝트 기획 실무

비전 분석

비전이 무엇을 목표로 하는지 명확히 이해한다. 예를 들어, 전통시장의 비전이 "2025년까지 지역 주민과 관광객 모두에게 사랑받는 문화와 역사의 중심 전통시장으로 성장한다"라면, 이 비전을 실현하기 위한 구체적인 요소들을 분석해야 한다.

핵심 영역 도출

비전을 실현하는 데 필요한 핵심 영역을 도출한다. 예를 들어, 고객 만족도, 매출, 상인 교육, 시설 개선 등 다양한 영역을 고려할 수 있다.

목표 설정

각 핵심 영역에 대해 SMART 원칙에 따라 구체적인 목표를 설정한다. 예를 들어, 고객 만족도 영역에서는 "고객 만족도 설문조사에서 90점 이상을 받는다"는 목표를 설정할 수 있다.

실행 계획 수립

목표를 달성하기 위한 구체적인 실행 계획을 수립한다. 예를 들어, 고객 만족도 향상을 위해 고객 서비스 교육 프로그램을 도입하고, 정기적인 고객 피드백을 수집하는 계획을 세울 수 있다.

모니터링 및 평가

목표 달성 과정을 모니터링하고, 정기적으로 평가하여 필요한 경우 목표를 조정한다. 예를 들어, 매월 목표 달성 상황을 점검하고, 목표 달성에 어려움이 있다면 원인을 분석하고 대책을 마련한다.

3. 목표 설정 사례

전통시장, 골목형 상점가, 로컬관광형 시장, 음식특화거리에 대한 구체적인 목표 설정 사례를 제시해 본다.

전통시장

- **고객 만족도**: 2025년까지 고객 만족도 설문조사에서 평균 90점 이상을 받는다.
- **매출 증가**: 2025년까지 매출을 연평균 10% 증가시킨다.
- **시설 개선**: 2023년까지 전통시장 내 모든 화장실을 현대식으로 개보수한다.

골목형 상점가

- **신규 창업 유치**: 2024년까지 신규 창업 20개 점포를 유치한다.
- **문화 프로그램**: 2023년까지 월 2회 골목 예술 공연을 정기적으로 개최한다.
- **주차 공간**: 2024년까지 공용 주차장 50대 규모로 확충한다.

로컬관광형 시장

- **관광객 유치**: 2025년까지 연간 방문 관광객 수를 100만 명으로 증

가시킨다.

- 지역특산물 홍보: 2023년까지 매달 1회 지역특산물 홍보 이벤트를 개최한다.
- 언어 서비스: 2024년까지 외국인 관광객을 위한 다국어 안내 서비스를 도입한다.

음식특화거리

- 미식가 유치: 2025년까지 전국 미식가들이 찾는 음식거리가 되도록 매출 상위 10%의 맛집을 확보한다.
- 푸드 페스티벌: 2023년까지 연 2회 대규모 푸드 페스티벌을 개최한다.
- 위생 등급: 2024년까지 모든 음식점의 위생 등급을 최상위로 유지한다.

4. 목표 달성의 중요성

구체적인 목표 설정은 상권 활성화의 성공 여부를 결정짓는 중요한 요소이다. 목표는 상권 활성화의 방향성을 명확히 하고, 구성원들의 노력을 하나로 모으는 역할을 한다. 또한, 목표 달성 과정을 통해 상권 내 구성원들이 성장하고, 상권 전체의 경쟁력이 강화된다. 목표를 달성하기 위해서는 정기적인 모니터링과 평가가 필요하며, 필요한 경우 목표를 조정하고 새로운 전략을 도입해야 한다.

결론적으로, 비전과 연계된 구체적인 목표 설정은 상권 활성화를 위한 필수적인 과정이다. SMART 원칙을 따르고, 체계적인 목표 설정 과정을 거쳐 비전을 실현할 수 있는 구체적인 목표를 설정해야 한다. 이를 통해 상권 활성화의 방향성을 명확히 하고, 상권 내 모든 구성원이 공감하고 참여할 수 있는 상권 활성화 전략을 수립할 수 있다.

비전과 목표의 연계성

비전과 목표의 연계성은 성공적인 상권 활성화에 필수적이다. 비전은 상권이 나아갈 방향과 최종 목표를 제시하고, 목표는 이를 실현하기 위한 구체적이고 측정 가능한 단계다. 두 요소가 연계되면 일관된 방향성을 제공하여 모든 활동이 비전 중심으로 진행되며, 구성원들의 동기부여와 참여를 유도한다.

또한, 자원을 효율적으로 활용할 수 있고, 성과 측정과 평가가 용이해진다. 예를 들어, "2025년까지 지역 주민과 관광객 모두에게 사랑받는 문화와 역사의 중심 전통시장으로 성장한다"는 비전과 "고객 만족도 설문조사에서 90점 이상을 받는다"는 목표는 연계되어야 한다. 이는 상권의 미래를 제시하고, 구체적인 실행 계획을 통해 자원을 적절히 배분하며, 성과를 객관적으로 평가할 수 있게 한다. 또한, 지속 가능한 발전을 도모하여 상권의 경쟁력을 높이고, 지역사회와의 긴밀한 유대감을 유지하도록 돕는다.

비전과 목표는 상권 활성화의 핵심 요소로서 상호 밀접하게 연계되어야 한다. 비전은 상권이 나아갈 방향을 제시하고, 목표는 그 비전을 실현하기 위한 구체적인 단계다. 비전과 목표가 잘 연계될 때, 상권 활성화는 더욱 효과적으로 이루어질 수 있다.

1. 비전과 목표의 일관성 유지

비전과 목표의 연계성을 확보하기 위해서는 먼저 일관성을 유지해야 한다. 비전은 상권의 미래를 제시하고, 목표는 그 미래를 실현하기 위한 구체적인 방법이다. 예를 들어, "2025년까지 지역 주민과 관광객 모두에게 사랑받는 전통시장으로 성장한다"는 비전을 설정했다면, 목표는 이 비전을 실현하기 위한 구체적인 단계로 설정되어야 한다. "고객 만족도 설문조사에서 90점 이상을 받는다"는 목표는 비전과 일관성이 있으며, 고객 만족도를 높이는 것이 전통시장의 성장을 도울 수 있기 때문이다.

2. 단계적 목표 설정

비전은 장기적인 목표를 제시하지만, 이를 실현하기 위해서는 단계적인 목표가 필요하다. 비전을 달성하기 위한 중간 단계 목표를 설정함으로써 비전과 목표의 연계성을 강화할 수 있다. 예를 들어, "2025년까지 매출을 연평균 10% 증가시킨다"는 장기 목표를 설정한 후, 매년 목표를 세분화하여 단계적으로 달성해 나가는 것이다. 이렇게 하면 비전과 목표가 긴밀하게 연계되어 상권 활성화의 방향성을 명확히 할 수 있다.

3. 목표 달성을 위한 실행 계획 수립

비전과 목표가 연계되기 위해서는 구체적인 실행 계획이 필요하다. 목표를 달성하기 위한 실행 계획을 수립하고, 이를 체계적으로 실행함으로써 비전을 실현할 수 있다. 예를 들어, "고객 만족도 설문조사에서 90점 이상을 받는다"는 목표를 달성하기 위해 고객 서비스 교육 프로그램을 도입하고, 정기적인 고객 피드백을 수집하는 실행 계획을 수립할 수 있다. 이러한 실행 계획은 목표와 비전을 긴밀하게 연계하여 상권 활성화를 촉진한다.

4. 지속적인 모니터링과 평가

비전과 목표의 연계성을 유지하기 위해서는 지속적인 모니터링과 평가가 필요하다. 목표 달성 과정을 정기적으로 점검하고, 비전과 목표가 일치하는지 확인해야 한다. 필요한 경우 목표를 조정하고, 새로운 전략을 도입함으로써 비전 실현을 위한 노력을 지속적으로 기울여야 한다. 예를 들어, 매월 목표 달성 상황을 점검하고, 목표 달성에 어려움이 있다면 원인을 분석하고 대책을 마련한다. 이를 통해 비전과 목표가 일관되게 연계될 수 있다.

5. 상권 내 구성원의 참여 유도

비전과 목표의 연계성을 강화하기 위해서는 상권 내 구성원들의 참여를 유도하는 것이 중요하다. 비전과 목표는 상권 내 모든 구성원이 공유해야 하는 공통의 목표다. 상권 내 구성원들이 비전과 목표를 이해하고, 자발적으로 참여할 수 있도록 다양한 의견을 수렴하고 반영해야 한다. 예를 들어, 상인 회의나 워크숍을 통해 비전과 목표를 공유하고, 구성원들의 의견을 반영한 실행 계획을 수립할 수 있다. 이를 통해 상권 활성화의 주체들이 자발적으로 참여하고 협력할 수 있는 기반을 마련할 수 있다.

사업 범위의 정의

　정부 및 지자체가 지원하는 상권 활성화 지원사업을 효과적으로 기획하고 실행하기 위해서는 사업 범위를 명확히 정의하는 것이 중요하다. 사업 범위는 상권 활성화의 목표를 달성하기 위해 수행해야 할 모든 활동과 그 한계를 규정하는 것을 의미한다. 이는 사업의 성공적인 수행과 자원 관리, 목표 달성에 있어 필수적인 요소이다. 이번 장에서는 상권 활성화 지원사업의 운영세칙을 반영한 사업기획 범위를 정의하는 방법에 대해 살펴본다.

1. 상권 활성화 지원사업의 운영지침

　상권 활성화 지원사업의 운영지침은 정부와 지자체가 상권 활성화를 위해 제공하는 재정적·행정적 지원을 효과적으로 활용하기 위한 규정을 말한다. 이 운영세칙은 사업 범위를 정의하는 데 중요한 기준이 된다. 주요 운영지침은 다음과 같다.

│ 지원 대상 및 조건

　상권 활성화 지원사업은 특정 지역 상권의 전통시장, 상점가, 골목형 상점가 등 전통시장법과 지역상권법의 지원 대상과 조건에 부합하는 상권을 대상으로 한다. 지원 조건은 상권의 경제적·사회적 상황에 따라 다를 수 있다.

| 지원 내용

사업 지원 내용은 해당 지원사업에서 정하는 물리적 환경 개선, 마케팅 및 홍보, 교육 및 컨설팅, 디지털 전환 지원 등으로 한다.

| 재정 지원 한도

각 지원사업의 재정 지원 한도는 사업 규모와 내용에 따라 다르며, 이는 예산계획 수립 시 중요한 고려 요소가 된다.

| 신청 절차 및 평가 기준

지원사업 신청 절차는 일반적으로 공모, 심사, 선정의 과정을 거친다. 평가 기준은 각 사업의 평가 기준에 따른다.

2. 사업기획 범위 정의의 중요성

사업기획 범위를 명확히 정의하는 것은 다음과 같은 이유로 중요하다.

| 목표 달성의 명확성

명확한 사업 범위는 목표 달성을 위한 구체적인 활동을 정의함으로써 사업의 방향성을 명확히 한다.

| 자원 관리의 효율성

사업 범위를 명확히 함으로써 인적·물적·재정적 자원의 효율적인 관리와 배분이 가능해진다.

| 위험 관리

사업 범위를 명확히 정의하면 예상치 못한 리스크를 최소화하고, 문제 발생 시 신속하게 대응할 수 있다.

| 성과 측정 용이성

명확한 사업 범위는 사업의 성과를 측정하고 평가하는 데 중요한 기준이 된다.

3. 사업기획 범위 설정 단계

사업기획 범위를 설정하기 위해서는 다음과 같은 단계가 필요하다.

| 현황 분석

상권의 현황을 분석하여 문제점과 개선 가능성을 파악한다. 이를 통해 사업기획의 필요성과 목표를 도출한다.

- 예시) 상권 내 상점의 매출 현황, 고객 유입 경로, 상권의 물리적 환경 등을 분석한다.

목표 설정

상권 활성화의 구체적인 목표를 설정한다. 목표는 SMART 원칙에 따라 구체적이고 측정 가능하며, 달성 가능하고 관련성이 있으며, 시간 제한이 있어야 한다.

- 예시) "3년 내 상권 내 매출 20% 증대", "방문객 수 30% 증가" 등의 목표를 설정한다.

범위 정의

사업 범위를 명확히 정의한다. 이는 사업의 한계와 포함되는 활동을 명확히 하는 것으로, 지원사업의 운영지침을 반영하여 설정한다.

- 예시) 상권 내 물리적 환경 개선, 마케팅 및 홍보 활동, 소상공인 교육 및 컨설팅, 디지털 전환 지원 등을 포함한다.

활동 계획 수립

정의된 사업 범위를 바탕으로 구체적인 활동 계획을 수립한다. 각 활동에 필요한 자원, 일정, 책임자를 명확히 한다.

- 예시) "상권 내 도로 정비", "SNS 마케팅 캠페인 기획 및 실행", "소상공인 대상 디지털 마케팅 교육 프로그램 운영" 등의 활동 계획을 수립한다.

자원 배분

각 활동에 필요한 자원을 효율적으로 배분한다. 이는 예산, 인력, 장비 등을 포함하며, 자원의 한계를 고려하여 계획한다.

- 예시) "도로 정비 예산 1억 원", "마케팅 캠페인 예산 5천만 원", "교육 프로그램 운영 인력 5명" 등을 배분한다.

성과 평가 계획

사업의 성과를 측정하고 평가하기 위한 계획을 수립한다. 이는 사업 목표와 범위에 대한 달성 여부를 평가하는 기준이 된다.

- 예시) "매출 증대 목표 달성 여부 평가", "방문객 수 증가 추이 분석", "소상공인 만족도 조사" 등을 포함한다.

08

상권 특화 활성화 콘셉트와 방향

상권 특화 활성화 전략의 필요성

    상권 활성화는 지역경제의 회복과 발전을 위해 필수적인 과제이다. 특히, 상권의 특화를 통해 차별화된 경쟁력을 갖추는 것은 현대의 복잡하고 치열한 시장 환경에서 성공을 거두기 위한 중요한 전략이다. 상권 특화 활성화 전략의 필요성을 다음과 같은 이유들로 설명할 수 있다.

    첫째, 고유한 경쟁력 확보다. 상권은 지역마다 고유한 특성과 자원을 가지고 있다. 이러한 특성과 자원을 최대한 활용하여 다른 지역과 차별화된 경쟁력을 갖추는 것이 중요하다. 예를 들어, 한 지역의 전통시장에서는 그 지역의 특산물을 중심으로 한 상권 특화 전략을 통해 고객들에게 독특한 쇼핑 경험을 제공할 수 있다. 이는 대형마트나 온라인쇼핑몰과 경쟁할 수 있는 강력한 무기가 된다.

    둘째, 지속 가능한 발전이다. 상권 특화는 단기적인 성과를 넘어 장기적인 발전을 도모할 수 있는 전략이다. 상권의 특성을 반영한 특화 전략은 지역 주민들과의 긴밀한 관계를 형성하고, 이를 통해 상권의 지속 가능한 발전을 이끌어낼 수 있다. 예를 들어, 지역의 문화와 역사를 반영한 상권 특화 전략은 지역 주민들의 자부심을 높이고, 상권에 대한 애착을 강화할 수 있다.

셋째, 고객 유치와 재방문 촉진이다. 상권 특화 전략은 고객들에게 독특하고 매력적인 경험을 제공함으로써 고객 유치와 재방문을 촉진할 수 있다. 예를 들어, 특화된 음식 거리나 테마상가는 고객들에게 새로운 경험을 제공하며, 이로 인해 고객들의 방문 빈도가 높아진다. 이는 상권의 매출 증대로 이어지며, 상권의 활성화를 촉진한다.

넷째, 지역경제 활성화다. 상권 특화 전략은 지역경제의 활성화를 도모하는 중요한 방법이다. 특화된 상권은 지역 내 상인들에게 더 많은 기회를 제공하며, 이를 통해 지역경제의 전반적인 성장을 이끌어낼 수 있다. 예를 들어, 지역특산물을 중심으로 한 상권 특화 전략은 지역 농업과 연계하여 지역경제 전체에 긍정적인 영향을 미친다.

다섯째, 브랜드 이미지 구축이다. 상권 특화 전략은 상권의 브랜드 이미지를 구축하는 데 중요한 역할을 한다. 고유한 특성을 살린 상권은 강력한 브랜드 이미지를 가지게 되며, 이는 고객들에게 상권에 대한 긍정적인 인식을 심어준다. 예를 들어, 특정 지역의 전통시장이 '친환경 시장'으로 특화된다면, 이는 친환경을 중시하는 고객들에게 매력적인 브랜드로 인식될 수 있다.

상권 특화 활성화 전략의 필요성은 여러 측면에서 강조될 수 있다. 고유한 경쟁력을 확보하고, 지속 가능한 발전을 도모하며, 고객 유치와 재방문을 촉진하고, 지역경제를 활성화하며, 브랜드 이미지를 구축하는 데 중요한 역할을 한다. 이러한 전략은 상권이 단순히 생존하는 것을 넘어, 성장하고 번영할 수 있는 기반을 마련해 준다.

특히, 현대의 소비자들은 단순히 물건을 사는 것 이상으로, 독특한 경험과 가치를 추구한다. 상권 특화 전략은 이러한 소비자들의 요구를 충족시킬 수 있는 중요한 방법이다. 따라서 상권 활성화를 위해서는 지역의 특성과 자원을 최대한 활용하여 차별화된 특화 전략을 수립하고 실행하는 것이 필수적이다. 이는 상권의 경쟁력을 높이고, 지속 가능한 성장을 이끄는 핵심 요소가 될 것이다.

지역 특성과 자원을 반영한 콘셉트 개발

상권 활성화를 위한 전략 중 가장 중요한 것은 지역 특성과 자원을 반영한 콘셉트 개발이다. 지역의 특성과 자원을 반영한 콘셉트는 상권의 독창성을 부각하고, 경쟁력을 높이는 데 큰 역할을 한다. 이를 통해 상권은 단순히 소비와 거래가 이루어지는 장소를 넘어 지역 문화와 특색을 체험할 수 있는 공간으로 거듭날 수 있다. 상권의 특성을 살려 활성화하는 데 필요한 지역 특성과 자원을 반영한 콘셉트 개발 방법을 구체적으로 살펴보자.

1. 상권 활성화에서 콘셉트가 중요한 이유

콘셉트는 상권의 아이덴티티를 결정짓는 중요한 요소다. 콘셉트가 명확하고 독창적일수록 상권의 차별화가 이루어지며, 이는 고객 유치와 유지에 큰 영향을 미친다. 고객들은 단순한 쇼핑이 아니라, 특별한 경험을 원한다. 따라서 콘셉트를 통해 상권이 제공하는 경험을 명확히 하고, 이를 바탕으로 마케팅 전략을 수립할 수 있다.

예를 들어, 전통시장이 단순히 물건을 파는 곳이 아니라, 지역의 역사와 문화를 체험할 수 있는 장소로 인식되면, 고객의 방문 동기가 훨씬 강해진다. 또한, 콘셉트는 상권 내 모든 구성원이 공통의 목표를 가지고 협력할 수 있게 하는 구심점 역할을 한다. 이는 상권 활성화의 일관성을 유지하고, 구성원들의 참여를 유도하는 데 필수적이다.

2. 독특하고 차별적인 콘셉트의 조건

독특하고 차별적인 콘셉트를 개발하기 위해서는 몇 가지 중요한 조건이 있다.

지역 특성 반영

콘셉트는 반드시 지역의 고유한 특성을 반영해야 한다. 이는 지역의 역사, 문화, 자연 자원 등을 포함한다. 예를 들어, 특정 지역의 전통 음식이나 특산물을 중심으로 한 콘셉트는 다른 지역과 차별화될 수 있다.

고객 중심

콘셉트는 고객의 요구와 기대를 반영해야 한다. 이를 위해 고객 조사를 통해 고객이 원하는 경험과 가치를 파악하고, 이를 콘셉트에 반영해야 한다. 젊은 층이 많이 거주하는 지역이라면, 현대적이고 트렌디한 콘셉트가 적합할 수 있다.

| 스토리텔링 요소 포함

콘셉트는 단순한 아이디어가 아니라, 이를 뒷받침하는 스토리가 있어야 한다. 스토리텔링을 통해 고객에게 감동을 주고, 기억에 남는 경험을 제공할 수 있다. 예를 들어, 전통시장의 역사와 상인들의 이야기를 담은 콘셉트는 고객들에게 특별한 인상을 남길 수 있다.

| 실현 가능성

콘셉트는 실현 가능한 범위 내에서 설정되어야 한다. 너무 비현실적이거나 과도한 비용이 드는 콘셉트는 실행에 어려움을 겪을 수 있다. 따라서 현실적인 자원과 예산을 고려하여 콘셉트를 개발해야 한다.

| 지속 가능성

콘셉트는 일시적인 유행이 아니라, 장기적으로 유지할 수 있는 지속 가능성이 있어야 한다. 이를 위해 지역의 변화와 트렌드를 지속적으로 모니터링하고, 콘셉트를 보완해 나가야 한다.

3. 지역 특성과 자원을 반영한 콘셉트 개발 방법

첫째, 지역의 역사와 문화를 반영한 콘셉트 개발이 중요하다. 각 지역은 고유의 역사와 문화를 가지고 있으며, 이를 상권 활성화에 활용할 수 있다. 예를 들어, 전통시장이 위치한 지역이 오래된 역사와 전통을 가지고 있다면, 이를 기반으로 한 콘셉트를 개발할 수 있다. 전통적인 건축 양식과 지역의 역사적 이야기를 접목한 공간 구성을 통해 방문객들이 역사와 문화를 체험할 수 있는 시장으로 변모시킬 수 있다. 이는 단순히 물건을 사는 곳이 아닌, 문화와 역사를 체험하는 공간으로서의 가치를 부여한다.

둘째, 지역의 자연 자원을 활용한 콘셉트 개발이 필요하다. 자연 자원은 상권의 독창성을 부각하는 중요한 요소다. 예를 들어, 해안가에 위치한 상권이라면, 해양 자원을 활용한 콘셉트를 개발할 수 있다. 해산물을 주제로 한 음식점과 해양 스포츠를 체험할 수 있는 프로그램을 통해 방문객들에게 차별화된 경험을 제공할 수 있다. 이는 지역의 자연 자원을 활용하여 상권의 특색을 살리고, 방문객들의 관심을 끌 수 있는 효과적인 방법이다.

셋째, 지역 주민들의 생활양식과 요구를 반영한 콘셉트 개발이 필요하다. 상권은 지역 주민들의 생활과 밀접하게 연결되어 있기 때문에, 그들의 생활양식과 요구를 반영한 콘셉트가 중요하다. 예를 들어, 젊은 층이 많이 거주하는 지역이라면, 트렌디한 카페와 패션 매장을 중심으로 한 콘셉트를 개발할 수 있다. 반면, 가족 단위의 거주자가 많은 지역이라면, 가족들이 함께 즐길 수 있는 놀이 공간과 식당을 중심으로 한 콘셉트가 적합하다. 이는 지역 주민들의 요구를 반영하여 상권의 이용도를 높이고, 만족도를 향상시키는 데 도움이 된다.

넷째, 지역특산물을 활용한 콘셉트 개발이 필요하다. 지역특산물은 그 지역만의 독특한 자원이자 상권의 경쟁력을 높이는 중요한 요소다. 예를 들어, 특정 지역의 농산물이 유명하다면, 이를 활용한 농산물 직거래 장터와 특산물 요리 전문점을 중심으로 한 콘셉트를 개발할 수 있다. 이는 지역특산물의 가치를 높이고, 방문객들에게 지역의 독특한 맛과 문화를 체험하는 기회를 제공한다.

다섯째, 지역의 예술과 창작 활동을 반영한 콘셉트 개발이 필요하다. 예술과 창작 활동은 상권의 문화적 가치를 높이는 중요한 요소다. 예를 들어, 예술가들이 많이 거주하는 지역이라면, 갤러리와 예술품 상점을 중심으로 한 콘셉트를 개발할 수 있다. 또한, 지역 예술가들과 협력하여 상권 내에서 다양한 예술 전시회와 워크숍을 개최할 수 있다. 이는 지역 예술가들의 창작 활동을 지원하고, 상권의 문화적 가치를 높이는 데 큰 도움이 된다.

여섯째, 지역의 이벤트와 축제를 활용한 콘셉트 개발이 필요하다. 지역에서 정기적으로 열리는 이벤트와 축제는 상권 활성화에 큰 도움이 된다. 예를 들어, 지역 축제 기간에 맞춰 상권 내에서 특별 할인 행사와 이벤트를 개최할 수 있다. 또한, 축제와 연계한 다양한 체험 프로그램을 통해 방문객들의 참여를 유도할 수 있다. 이는 지역 축제의 흥미를 높이고, 상권의 매출을 증대시키는 효과적인 방법이다.

일곱째, 지역의 교육 자원을 활용한 콘셉트 개발이 필요하다. 지역 내 교육 기관과 협력하여 교육 프로그램과 워크숍을 운영할 수 있다. 예를 들어, 지역 대학과 협력하여 상권 내에서 다양한 강좌와 세미나를 개최할 수 있다. 이는 지역 주민들에게 새로운 지식을 제공하고, 상권의 문화적 가치를 높이는 데 도움이 된다.

상권 활성화 프로젝트 기획 실무

마지막으로, 지역사회와의 협력을 통한 콘셉트 개발이 필요하다. 지역사회와의 긴밀한 협력을 통해 상권 활성화를 도모할 수 있다. 예를 들어, 지역사회 단체와 협력하여 상권 내에서 다양한 사회 공헌 활동을 전개할 수 있다. 이는 지역 주민들의 참여를 유도하고, 상권에 대한 긍정적인 이미지를 구축하는 데 도움이 된다.

이러한 콘셉트 개발을 통해 상권은 단순한 소비 공간을 넘어 지역의 문화를 체험할 수 있는 공간으로 거듭날 수 있다. 이는 상권의 지속 가능한 발전과 지역경제 활성화에 기여하는 중요한 전략이다.

차별적인 콘셉트와 스토리텔링

상권 활성화의 핵심은 차별화된 콘셉트를 개발하고 이를 효과적으로 전달하는 데 있다. 차별화된 콘셉트는 상권을 독특하고 매력적으로 만들어 고객들의 관심을 끌 수 있다. 여기에 스토리텔링을 더하면 단순한 상업 공간을 넘어 감동과 경험을 제공하는 장소로 변모시킬 수 있다. 차별적인 콘셉트와 스토리텔링을 통해 상권 활성화를 이루는 방법을 구체적으로 살펴보자.

1. 차별적인 콘셉트의 중요성

차별화된 콘셉트는 상권의 경쟁력을 강화하고 고객들의 선택을 받는 데 필수적이다. 상권이 경쟁 상권과 다른 점을 명확히 하는 것은 고객들에게 독특한 경험을 제공하고, 재방문을 유도하는 중요한 요소다. 차별화된 콘셉트는 다음과 같은 조건을 갖춰야 한다.

독창성

상권의 콘셉트는 다른 상권과 차별화되는 독창성을 가져야 한다. 이는 상권의 개성과 매력을 부각하는 중요한 요소다.

지역성 반영

콘셉트는 지역의 특성과 문화를 반영해야 한다. 지역 주민들과의 연결고리를 강화하고, 외부 방문객들에게는 그 지역만의 독특한 경험을 제공할 수 있다.

고객 중심

고객의 요구와 기대를 반영한 콘셉트가 중요하다. 고객이 원하는 것을 제공함으로써 만족도를 높이고, 지속적인 방문을 유도할 수 있다.

실현 가능성

콘셉트는 실현 가능해야 한다. 너무 과도하거나 비현실적인 콘셉트는 실행에 어려움을 겪을 수 있다.

2. 스토리텔링의 역할

스토리텔링은 상권의 콘셉트를 고객들에게 효과적으로 전달하는 강력한 도구다. 이야기는 감정을 자극하고, 기억에 남는 경험을 제공하며, 고객과의 정서적 유대감을 형성한다. 상권의 스토리텔링 전략은 다음과 같은 요소를 포함해야 한다.

스토리의 구성

상권의 역사, 상인들의 이야기, 지역사회와의 연결고리 등을 포함한 스토리를 구성해야 한다. 이는 고객들에게 상권의 가치를 전달하고,

더 깊은 이해와 감동을 줄 수 있다.

비주얼과 결합

스토리는 비주얼과 결합될 때 더 큰 효과를 발휘한다. 상권의 디자인, 장식, 홍보물 등에 스토리를 시각적으로 표현하여 고객들이 쉽게 이해하고 공감할 수 있도록 한다.

고객 참여 유도

고객이 스토리에 참여할 기회를 제공해야 한다. 이벤트나 체험 프로그램을 통해 고객들이 상권의 스토리를 직접 경험하고, 자신의 이야기로 만들 수 있게 한다.

3. 사례를 통한 이해

차별적인 콘셉트와 스토리텔링의 중요성을 실제 사례를 통해 더 자세히 살펴보자.

전통시장: 이야기와 문화의 만남

- 콘셉트: 전통시장을 지역의 역사와 문화를 체험할 수 있는 장소로 만든다.
- 스토리텔링: 시장 내 각 점포의 역사를 소개하고, 상인들의 이야기를 담은 벽화를 그린다. 시장을 방문하는 고객들에게는 시장의 역사를 알리는 가이드 투어를 제공한다. 또한, 전통 음식 요리 시연과

체험 프로그램을 통해 고객들이 직접 참여할 수 있도록 한다.

골목형 상점가: 예술과 창의성의 공간

- **콘셉트**: 예술과 창의성을 중심으로 한 골목형 상점가를 조성한다.
- **스토리텔링**: 상점가의 벽면과 공간을 지역 예술가들의 작품으로 장식하고, 예술가와 고객이 만날 수 있는 워크숍과 전시회를 정기적으로 개최한다. 상점가의 역사와 예술가들의 이야기를 담은 팸플릿을 배포하여 고객들이 상점가의 가치를 더 깊이 이해할 수 있도록 한다.

로컬관광형 시장: 지역특산물과 체험의 장

- **콘셉트**: 지역특산물을 중심으로 한 로컬관광형 시장을 만든다.
- **스토리텔링**: 시장의 특산물 이야기를 중심으로 홍보물을 제작하고, 시장 내에서 특산물을 활용한 요리 체험 프로그램을 운영한다. 또한, 시장의 특산물 생산자와 고객이 직접 만나는 기회를 제공하여 생산자들의 이야기를 듣고, 특산물의 가치를 직접 체험할 수 있게 한다.

4. 스토리텔링을 통한 고객 경험 강화

스토리텔링은 단순한 정보 전달을 넘어 고객에게 감동을 주고, 특별한 경험을 제공하는 데 효과적이다. 이를 통해 상권은 고객들과의 정서적 유대감을 형성하고, 충성도를 높일 수 있다. 예를 들어, 전통시장에서 상인들이 직접 자신의 이야기를 들려주는 이벤트는 고객들에게 깊은 인상을 남길 수 있다. 또한, 골목형 상점가에서 예술가들과 함께 작품을 만들어 보는 체험은 고객들에게 잊을 수 없는 경험을 제공할 수 있다.

차별화된 콘셉트와 스토리텔링의 지속 가능성

차별화된 콘셉트와 스토리텔링은 일시적인 유행에 그치지 않고, 지속 가능한 전략이어야 한다. 이를 위해 상권은 지속적으로 콘셉트를 보완하고, 새로운 이야기를 발굴해야 한다. 예를 들어, 로컬관광형 시장은 계절별로 다른 특산물을 소개하고, 이에 맞는 새로운 체험 프로그램을 개발할 수 있다. 또한, 고객들의 피드백을 반영하여 스토리텔링의 내용을 업데이트하고, 더욱 풍부한 경험을 제공할 수 있다.

차별적인 콘셉트와 스토리텔링은 상권 활성화의 핵심 전략이다. 독창적이고 실현 가능한 콘셉트를 개발하고, 이를 스토리텔링을 통해 효과적으로 전달함으로써 상권은 고객들에게 특별한 경험을 제공할 수 있다.

지속 가능한 상권을 위한 비즈니스 모델 구축

전통시장 및 상점가와 같은 상권이 지속 가능하기 위해서는 효과적인 비즈니스 모델을 구축하는 것이 필수적이다. 상인과 상인조직의 공동 및 협업사업 중심으로 비즈니스 모델을 설계하면, 상권의 경쟁력을 높이고 장기적인 성장 가능성을 확보할 수 있다. 이번 장에서는 전통시장 등 상권 단위에서 상인 및 상인조직의 공동 및 협업사업을 중심으로 한 비즈니스 모델 구축의 필요성과 중요성, 체계와 핵심 요소, 성공을 위한 핵심 요건을 살펴본다.

1. 비즈니스 모델 구축의 필요성과 중요성

지속 가능한 상권을 위해 비즈니스 모델을 구축하는 것은 다음과 같은 이유로 중요하다.

경제적 지속 가능성 확보

상권 내 상인들이 안정적인 수익을 창출할 수 있도록 돕고, 이를 통해 상권 전체의 경제적 지속 가능성을 확보한다.

효과적인 비즈니스 모델은 상권의 재정적 안정성을 높여 소상공인의 생존과 발전을 도모한다.

경쟁력 강화

상권 내 상인들이 개별적으로 운영하는 것보다 공동의 비즈니스 모델을 통해 더 큰 경쟁력을 확보할 수 있다.

상권 전체의 협력과 통합된 전략을 통해 시장 경쟁에서 우위를 점할 수 있다.

리스크 분산

상인들이 공동으로 사업을 운영함으로써 개별 상인이 직면하는 리스크를 분산시킬 수 있다.

공동 마케팅, 물류, 구매 등을 통해 비용 절감과 효율성 증대를 도모할 수 있다.

혁신과 성장 촉진

비즈니스 모델을 통해 새로운 아이디어와 혁신을 도입하고, 상권의 성장을 촉진할 수 있다.

디지털 전환과 같은 최신 트렌드를 반영한 모델을 통해 변화하는 시장 환경에 유연하게 대응할 수 있다.

2. 상권 활성화 비즈니스 모델의 체계와 핵심 요소

상권 활성화를 위한 비즈니스 모델은 체계적으로 설계되어야 하며, 다음과 같은 핵심 요소를 포함해야 한다.

고객 세분화

상권의 주요 고객층을 세분화하여 각 고객층의 요구와 선호에 맞춘 맞춤형 서비스를 제공한다.

예시) 지역 주민, 관광객, 직장인 등 다양한 고객 세그먼트를 정의하고 각 세그먼트에 맞춘 상품과 서비스를 개발한다.

가치 제안

상권이 제공하는 고유의 가치와 혜택을 명확히 정의하고 고객에게 전달한다.

- 예시) 전통시장의 신선한 농산물, 지역특산물을 활용한 요리, 전통문화 체험 등의 가치를 제안한다.

채널

고객에게 가치를 전달하기 위한 다양한 채널을 구축한다.

- 예시) 오프라인 매장, 온라인 쇼핑몰, 소셜미디어, 모바일 앱 등을 활용하여 고객과의 접점을 확대한다.

고객 관계

고객과의 지속적인 관계를 유지하고 강화하기 위한 전략을 수립한다.

- 예시) 고객 로열티 프로그램, 정기 뉴스레터, 고객 피드백 시스템 등을 통해 고객 만족도를 높인다.

수익원

상권의 수익원을 다양화하여 안정적인 수익 구조를 구축한다.

- 예시) 상품 판매 수익, 서비스 이용료, 협력 업체와의 제휴 수익 등을 포함한다.

핵심 자원

비즈니스 모델을 실행하는 데 필요한 핵심 자원을 확보한다.

- 예시) 상인들의 전문 지식, 상권 내 인프라, 디지털 플랫폼 등을 포함한다.

핵심 활동

상권 활성화를 위해 반드시 수행해야 하는 핵심 활동을 정의한다.

- 예시) 마케팅 캠페인, 상품 기획, 고객 서비스, 물류 관리 등을 포함한다.

핵심 파트너

상권 활성화를 위해 협력해야 하는 핵심 파트너를 정의하고, 협력 관계를 구축한다.

- 예시) 지역 농가, 물류 업체, 마케팅 에이전시, 지자체 등을 포함한다.

| 비용 구조

비즈니스 모델 실행에 필요한 비용을 분석하고 관리한다.

- ▪ 예시) 인건비, 마케팅 비용, 물류 비용, IT 인프라 비용 등을 포함한다.

3. 상권 활성화 비즈니스 모델의 성공을 위한 핵심 요건

지속 가능한 비즈니스 모델을 구축하고 성공적으로 운영하기 위해서는 다음과 같은 핵심 요건이 필요하다.

| 협력과 통합

상인들과 상인조직 간의 협력과 통합이 원활하게 이루어져야 한다. 상인들이 공동의 목표를 공유하고 협력할 수 있는 환경을 조성한다.

| 지속적인 혁신

변화하는 시장 환경과 고객 요구에 대응하기 위해 지속적인 혁신이 필요하다. 디지털 기술 도입, 새로운 상품 및 서비스 개발 등을 통해 상권의 경쟁력을 유지한다.

| 고객 중심 접근

비즈니스 모델의 중심에 항상 고객을 두고, 고객의 요구와 기대에 부응하는 전략을 수립한다. 고객 피드백을 적극적으로 수렴하고 반영하여 고객 만족도를 높인다.

효율적인 자원 관리

제한된 자원을 효율적으로 관리하고 활용하여 비용을 절감하고 성과를 극대화한다. 자원의 낭비를 최소화하고, 투자 대비 최대의 효과를 얻을 수 있도록 한다.

투명한 경영

비즈니스 모델의 운영과 관리에 있어 투명성을 유지하여 신뢰를 구축한다. 경영 정보를 투명하게 공개하고, 이해관계자들과의 신뢰 관계를 강화한다.

강력한 리더십

상권 활성화를 이끌어 갈 강력한 리더십이 필요하다.

상인조직의 리더는 명확한 비전과 목표를 제시하고, 이를 실현하기 위한 전략을 효과적으로 실행해야 한다.

이와 같은 요소들을 고려하여 비즈니스 모델을 구축하고, 전략적으로 접근함으로써 상권의 지속 가능한 발전을 도모할 수 있다. 이는 상권의 경쟁력을 높이고, 지역경제의 발전과 소상공인의 성장을 촉진하는 데 중요한 역할을 한다.

09

상권 활성화 실행 프로그램
(액션 플랜) 수립

상권 활성화 프로그램의 내용

상권 활성화는 다양한 요소의 종합적 접근이 필요하다. 이를 위해 하드웨어(H/W), 소프트웨어(S/W), 휴먼웨어(H/W)라는 세 가지 주요 구성 요소를 균형 있게 고려하여 상권 활성화 프로그램을 수립하고 실행해야 한다. 이 각 요소는 상권의 물리적 환경, 프로그램과 서비스, 그리고 사람에 초점을 맞추고 있다. 이러한 통합적 접근은 상권 활성화의 성공적인 결과를 도출하는 데 중요한 역할을 한다.

1. 하드웨어(H/W)

하드웨어는 상권의 물리적 환경을 개선하고, 인프라를 구축하는 것을 의미한다. 이는 고객들이 상권을 더 편리하게 이용하고, 긍정적인 경험을 할 수 있도록 하는 데 필수적이다. 하드웨어 요소는 다음과 같은 부분을 포함한다.

시설 개선

상권 내 건물과 시설의 현대화는 필수적이다. 노후된 건물과 불편한 시설은 고객들에게 부정적인 인상을 줄 수 있다. 예를 들어, 전통시장의 경우 현대적인 시설로 개보수하고, 깨끗한 화장실과 편안한 휴식 공간을 마련할 필요가 있다.

접근성 향상

상권의 접근성을 높이는 것이 중요하다. 충분한 주차 공간을 확보하고, 대중교통과의 연계를 강화해야 한다. 예를 들어, 골목형 상점가의 경우, 공용 주차장을 확보하고, 대중교통 노선과의 접근성을 개선할 수 있다.

환경 조성

상권의 환경을 쾌적하게 조성하는 것이 필요하다. 가로수와 꽃을 심어 상권의 경관을 아름답게 만들고, 깨끗한 거리를 유지해야 한다. 예를 들어, 로컬관광형 시장의 경우, 테마가 있는 거리 조성을 통해 방문객들에게 시각적 즐거움을 제공할 수 있다.

안전 관리

고객들이 안심하고 상권을 이용할 수 있도록 안전 관리를 철저히 해야 한다. CCTV 설치, 보안 요원 배치, 화재 예방 시설 등을 통해 안전한 환경을 조성한다. 예를 들어, 음식특화거리의 경우, 야간에도 안심하고 방문할 수 있도록 충분한 조명을 설치하고, 보안 체계를 강화한다.

2. 소프트웨어(S/W)

소프트웨어는 상권에서 제공하는 프로그램과 서비스, 그리고 다양한 이벤트를 포함한다. 이는 고객들의 참여와 만족도를 높이는 데 중요한 역할을 한다. 소프트웨어 요소는 다음과 같은 부분을 포함한다.

체험 프로그램과 이벤트 기획

상권에서 정기적으로 다양한 이벤트를 기획하여 고객들의 관심을 끌어야 한다. 예를 들어, 전통시장에서 명절마다 전통 놀이 체험 행사와 특산물 축제를 개최할 수 있다.

프로모션

상권 내 상점들의 매출을 높이기 위해 다양한 프로모션을 실시한다. 할인 행사, 쿠폰 제공, 경품 이벤트 등을 통해 고객들의 구매를 유도할 수 있다. 예를 들어, 골목형 상점가에서 연말 세일 이벤트를 통해 매출을 증대시킬 수 있다.

고객 서비스 강화

고객 서비스의 질을 높이는 것이 중요하다. 상인들과 직원들에게 정기적인 서비스 교육을 실시하고, 고객 불만 처리 시스템을 구축해야 한다. 예를 들어, 로컬관광형 시장에서 상인들에게 친절 교육을 실시하고, 고객 불만 처리 전담팀을 운영할 수 있다.

문화 프로그램

상권의 특성을 살린 문화 프로그램을 운영하여 고객들의 참여를 유도한다. 예를 들어, 음식특화거리에서 유명 셰프를 초청한 요리 교실을 개최하거나, 지역 음악가들의 공연을 정기적으로 열 수 있다.

브랜딩과 홍보마케팅

브랜딩은 상권의 브랜딩과 관련된 BI와 슬로건, 스토리텔링 등을 개발하고, 홍보마케팅은 제반 체험프로그램과 인프라, 이벤트 등을 홍보 매체와 채널을 통해 실행한다.

3. 휴먼웨어(H/W)

휴먼웨어는 상권의 인적 자원을 의미하며, 상권 활성화의 중요한 요소다. 상인, 직원, 지역 주민 등 다양한 사람들의 협력과 참여를 이끌어 내는 것이 필요하다. 휴먼웨어 요소는 다음과 같은 부분을 포함한다.

상인 교육

상인들의 역량을 강화하기 위한 교육 프로그램을 운영한다. 고객 서비스, 판매 기술, 상품 진열 등 다양한 교육을 통해 상인들의 경쟁력을 높인다.

지역 주민 참여

지역 주민들의 참여를 유도하여 상권 활성화에 기여할 수 있도록 한다. 지역 주민들이 상권의 주체로서 자발적으로 참여할 수 있는 프로그램을 기획한다. 예를 들어, 골목형 상점가에서 지역 주민들이 주도하는 플리마켓을 정기적으로 열어 상권의 활기를 더할 수 있다.

│ 커뮤니티 형성

상권 내에서 상인들과 고객들 간의 커뮤니티를 형성하여 긴밀한 유대감을 조성한다. 이를 위해 상인 회의, 고객 간담회 등을 정기적으로 개최한다. 예를 들어, 로컬관광형 시장에서 상인들과 고객들이 함께하는 지역 행사 준비 모임을 운영할 수 있다.

│ 네트워킹

상권 내 상인들 간의 네트워킹을 강화하여 상호 협력할 수 있는 기회를 제공한다. 이를 위해 상인 연합회를 조직하고, 정기적인 모임과 워크숍을 개최한다. 예를 들어, 음식특화거리에서 상인 연합회를 조직하고, 정기적으로 모여 상권 발전 방안을 논의할 수 있다.

상권 활성화 프로그램은 하드웨어(H/W), 소프트웨어(S/W), 휴먼웨어(H/W)라는 세 가지 요소를 종합적으로 고려하여 수립하고 실행해야 한다. 하드웨어 요소는 상권의 물리적 환경을 개선하고, 소프트웨어 요소는 다양한 프로그램과 서비스를 통해 고객들의 만족도를 높이며, 휴먼웨어 요소는 상권의 인적 자원을 활용하여 상권 활성화에 기여한다. 이러한 통합적 접근을 통해 상권은 더욱 매력적이고 경쟁력 있는 공간으로 거듭날 수 있다. 상권 활성화는 단기적인 목표가 아닌, 지속 가능한 발전을 위한 장기적인 과제로서, 체계적이고 전략적인 접근이 필요하다.

상권 활성화 프로그램 수립 시 핵심 고려 사항

상권 활성화 프로그램을 수립할 때는 다양한 요소들을 종합적으로 고려해야 한다. 프로그램의 성공 여부는 이러한 요소들을 얼마나 잘 반영하고 통합하느냐에 달려 있다. 상권의 특성과 목적에 맞는 프로그램을 설계하기 위해 핵심 고려사항을 자세히 살펴보자.

1. 상권의 특성 분석

상권 활성화 프로그램을 수립하기 위해 가장 먼저 고려해야 할 것은 상권의 특성이다. 상권의 위치, 규모, 주요 고객층, 경쟁 상권 등을 면밀히 분석해야 한다.

위치와 접근성

상권이 위치한 지역의 지리적 특성과 접근성을 분석한다. 상권이 도심에 위치한 경우와 외곽에 위치한 경우 접근성 개선 방법이 달라질 수 있다. 예를 들어, 도심 상권은 대중교통과의 연계를 강화하고, 외곽 상권은 주차 공간 확충이 필요할 수 있다.

규모와 구조

상권의 규모와 상점들의 구조를 고려한다. 대규모 상권과 소규모 상권은 프로그램의 범위와 내용이 달라야 한다. 예를 들어, 대규모 쇼핑몰은 대규모 이벤트와 프로모션을 기획할 수 있고, 소규모 골목 상권은 커뮤니티 중심의 프로그램이 더 적합할 수 있다.

주요 고객층

상권을 주로 이용하는 고객층을 파악한다. 연령, 성별, 소득 수준, 라이프스타일 등을 분석하여 그들의 요구와 기대에 맞는 프로그램을 설계한다. 예를 들어, 젊은 층이 주 고객층인 상권은 트렌디한 이벤트와 소셜 미디어 마케팅을 강화할 필요가 있다.

경쟁 상권 분석

경쟁 상권의 특징과 강점을 분석하여 차별화된 전략을 수립한다. 경쟁 상권과의 차별성을 부각하기 위해서는 경쟁 상권이 제공하지 않는 독특한 프로그램을 기획해야 한다. 예를 들어, 인근 상권이 문화 프로그램을 중심으로 활성화되고 있다면, 로컬 특산물이나 전통을 강조한 프로그램을 기획할 수 있다.

2. 목표 설정과 비전 연계

상권 활성화 프로그램의 목표와 비전을 명확히 설정해야 한다. 이는 프로그램의 방향성을 제시하고, 모든 활동이 일관된 방향으로 진행될

상권 활성화 프로젝트 기획 실무

수 있도록 한다.

명확한 목표 설정

단기 목표와 장기 목표를 구체적으로 설정한다. 예를 들어, 단기 목표로는 6개월 내에 방문객 수 20% 증가, 장기 목표로는 3년 내에 상권의 대표적인 문화 명소로 자리매김을 설정할 수 있다.

비전 연계

상권이 궁극적으로 달성하고자 하는 비전을 "지역사회와 함께 성장하는 문화와 전통의 중심지"라는 비전을 설정하고 있다면, 이를 달성하기 위한 구체적인 전략을 마련한다.

3. 이해관계자 참여 유도

상권 활성화 프로그램은 다양한 이해관계자들의 참여와 협력이 필수적이다. 상인, 지역 주민, 지역 단체, 정부 기관 등 다양한 이해관계자들의 의견을 반영하고, 이들의 적극적인 참여를 유도해야 한다.

상인 참여

상인들이 프로그램에 적극적으로 참여할 수 있도록 한다. 상인 회의, 워크숍 등을 통해 그들의 의견을 듣고, 프로그램에 반영한다. 상인들의 자발적인 참여는 프로그램의 성공에 중요한 요소다.

지역 주민 참여

지역 주민들이 프로그램에 참여하고, 이를 통해 상권 활성화에 기여할 수 있도록 한다. 지역 주민들과의 소통 채널을 마련하고, 그들의 요구와 기대를 반영한 프로그램을 기획한다.

지역 단체 협력

지역 단체와의 협력을 통해 프로그램의 범위를 확장하고, 상권의 이미지를 강화할 수 있다. 예를 들어, 지역 문화 단체와 협력하여 문화 프로그램을 기획하거나, 지역 자원봉사 단체와 협력하여 사회 공헌 활동을 전개할 수 있다.

정부 기관 지원

지방 정부나 관련 기관의 지원을 받아 프로그램을 기획하고 실행하는 것도 중요한 요소다. 정부의 지원을 통해 재정적, 행정적 도움을 받을 수 있으며, 상권 활성화에 필요한 인프라를 확충할 수 있다.

4. 자원 및 예산 확보

상권 활성화 프로그램을 성공적으로 실행하기 위해서는 충분한 자원과 예산을 확보해야 한다. 이를 위해 다양한 재원 조달 방법을 모색하고, 효율적인 예산 관리를 해야 한다.

재원 조달

프로그램에 필요한 재원을 확보하기 위해 다양한 방법을 모색한다. 상인회 기금, 정부 및 지자체 보조금, 민간 기업 후원 등을 통해 자금을 확보할 수 있다. 예를 들어, 지역특산물 축제를 기획하면서 기업 후원을 받아 행사 비용을 충당할 수 있다.

예산 관리

확보된 예산을 효율적으로 관리하기 위해 세부적인 예산 계획을 수립한다. 프로그램별로 예산을 배분하고, 지출 내역을 투명하게 관리한다. 예를 들어, 전통시장 활성화 프로그램의 경우, 시설 개선, 이벤트 기획, 홍보 마케팅 등 항목별로 예산을 배분하고, 지출을 관리한다.

5. 지속 가능한 프로그램 설계

상권 활성화 프로그램은 일회성이 아닌 지속 가능한 형태로 설계되어야 한다. 지속 가능한 프로그램을 통해 상권의 장기적인 발전을 도모할 수 있다.

지속 가능한 콘텐츠

일회성 이벤트가 아닌, 지속 가능한 콘텐츠를 개발해야 한다. 예를 들어, 전통시장에서는 정기적인 전통문화 체험 프로그램을 운영하고, 이를 통해 지속적으로 방문객을 유치할 수 있다.

| 장기적인 발전 계획

단기 성과에 그치지 않고, 장기적인 발전 계획을 수립하여 상권의 지속 가능한 성장을 도모한다. 예를 들어, 골목형 상점가에서는 단계별 발전 계획을 수립하고, 단계적으로 프로그램을 확대해 나간다.

6. 성과 측정과 피드백

프로그램의 성과를 정기적으로 측정하고, 이를 바탕으로 피드백을 반영하여 프로그램을 개선해 나가야 한다. 성과 측정과 피드백은 프로그램의 효과성을 높이는 데 필수적이다.

| 성과 지표 설정

프로그램의 성과를 측정할 수 있는 구체적인 지표를 설정한다. 방문객 수, 매출 증가율, 고객 만족도 등 다양한 지표를 활용하여 성과를 측정한다. 예를 들어, 전통시장 활성화 프로그램의 성과를 측정하기 위해 월별 방문객 수와 매출 증가율을 분석한다.

| 정기적인 평가

정기적으로 프로그램의 성과를 평가하고, 이를 바탕으로 개선점을 도출한다. 예를 들어, 분기별로 성과 평가 회의를 개최하고, 프로그램의 효과성과 개선 방안을 논의한다.

▎피드백 반영

평가 결과를 바탕으로 프로그램을 개선하고, 새로운 아이디어를 도입한다. 고객, 상인, 지역 주민들의 피드백을 적극적으로 반영하여 프로그램의 효과성을 높인다. 예를 들어, 상인들의 피드백을 반영하여 고객 서비스 교육 프로그램을 강화할 수 있다.

상권 활성화 프로그램 수립 시 핵심 고려 사항은 상권의 특성 분석, 목표와 비전 설정, 이해관계자 참여 유도, 자원 및 예산 확보, 지속 가능한 프로그램 설계, 성과 측정과 피드백 등이다. 이러한 요소들을 종합적으로 고려하여 프로그램을 수립하고 실행함으로써 상권의 경쟁력을 강화하고, 지속 가능한 발전을 도모할 수 있다. 상권 활성화 프로그램은 단기적인 성과에 그치지 않고, 장기적인 발전을 위한 전략적인 접근이 필요하다. 이를 통해 상권은 지역경제 활성화와 지역사회의 발전에 기여하는 중요한 역할을 할 수 있다.

콘셉트와 목표를 반영한
프로그램 수립

상권 활성화 프로그램을 성공적으로 수립하려면, 상위 콘셉트와 목표를 명확하게 반영하는 것이 중요하다. 이는 프로그램이 일관성을 가지고 상권 활성화를 향한 종합적인 방향성을 유지하도록 도와준다. 여기서는 상위 콘셉트와 목표를 구체적으로 정의하고, 이를 바탕으로 각 프로그램을 설계하는 방법을 살펴본다.

1. 콘셉트와 목표 설정의 중요성

먼저, 상권 활성화를 위한 콘셉트와 목표를 설정하는 단계가 중요하다. 콘셉트는 상권의 특성과 분위기를 반영하여 고객에게 전달하고자 하는 이미지를 말한다. 예를 들어, 특정 지역이 '문화 예술의 거리'라는 콘셉트를 가지고 있다면, 이를 중심으로 다양한 프로그램이 계획되어야 한다. 반면, 목표는 상권 활성화를 통해 달성하고자 하는 구체적인 결과를 의미한다. 매출 증대, 고객 유입 증가, 브랜드 인지도 향상 등 구체적인 목표를 설정해야 한다.

상권 활성화 프로젝트 기획 실무

콘셉트와 목표를 설정하는 과정에서 다음과 같은 사항을 고려해야
한다.

상권의 특성 분석

상권의 기존 고객층, 경쟁 상권, 지역 주민의 특성을 분석한다.

시장조사

트렌드와 소비자 선호도를 파악하여 상권에 적합한 콘셉트와 목표
를 도출한다.

비전 설정

상권 활성화를 통해 달성하고자 하는 장기적인 비전을 설정한다.

2. 프로그램 설계와 실행

콘셉트와 목표가 설정되면, 이를 바탕으로 구체적인 프로그램을 설
계하고 실행해야 한다. 여기서는 하드웨어(H/W), 소프트웨어(S/W), 하드
웨어와 소프트웨어의 융합을 통한 프로그램 설계 방법을 다룬다.

하드웨어(H/W) 프로그램

상권의 물리적 환경을 개선하는 프로그램이다. 예를 들어, 상점 외관
정비, 거리 조명 설치, 휴식 공간 마련 등이 포함된다. 이러한 프로그램은
상권의 첫인상을 개선하고, 고객의 체류 시간을 늘리는 데 기여한다.

- 예시) '문화 예술의 거리' 콘셉트를 반영하여, 거리 곳곳에 예술 작품을 설치하고, 야간 조명을 활용하여 낭만적인 분위기를 조성한다. 이러한 변화는 고객의 관심을 끌고, 방문을 유도할 수 있다.

소프트웨어(S/W) 프로그램

상권 내에서 제공하는 서비스와 이벤트를 중심으로 한 프로그램이다. 고객에게 특별한 경험을 제공하고, 상권에 대한 긍정적인 이미지를 강화하는 데 중점을 둔다.

- 예시) '문화 예술의 거리' 콘셉트를 반영하여, 주말마다 거리 예술가들의 공연을 기획하거나, 지역 예술가들의 작품 전시회를 개최한다. 또한, 고객 참여형 워크숍을 운영하여 상권과 고객 간의 유대감을 형성한다.

융합 프로그램

하드웨어와 소프트웨어를 결합한 프로그램으로, 종합적인 상권 활성화를 목표로 한다. 물리적 환경 개선과 함께 다양한 서비스를 제공하여 시너지 효과를 창출한다.

- 예시) 거리의 환경을 개선하면서 동시에 정기적인 문화 행사를 개최하여, 상권의 활력을 극대화한다. 거리 곳곳에 휴식 공간을 마련하고, 이 공간에서 소규모 공연이나 전시회를 열어 고객이 머무를 수 있는 이유를 제공한다.

3. 프로그램의 일관성 유지

프로그램을 수립할 때, 가장 중요한 것은 일관성을 유지하는 것이다.

각각의 프로그램이 상위 콘셉트와 목표를 일관되게 반영해야 한다. 이를 위해 다음과 같은 전략을 사용할 수 있다.

통합된 비전 공유

모든 프로그램이 상위 콘셉트와 목표를 공유하도록 한다. 이를 위해 프로그램 기획 단계에서부터 콘셉트와 목표를 명확히 전달하고, 모든 이해관계자와의 협력을 강화한다.

지속적인 평가와 피드백

프로그램 실행 후, 지속적으로 평가하고 피드백을 반영하여 개선해 나간다. 고객의 반응을 모니터링하고, 필요에 따라 프로그램을 조정한다.

일관된 브랜딩

모든 프로그램에서 일관된 브랜드 이미지를 유지한다. 이를 위해 로고, 색상, 메시지 등 브랜드 요소를 통일성 있게 적용한다.

4. 콘셉트와 목표 반영 사례

상권 활성화의 성공적인 사례를 통해 콘셉트와 목표 반영의 중요성을 더욱 명확히 할 수 있다. 예를 들어, 일본의 '기온 거리'는 전통문화와 현대적 요소를 결합한 콘셉트로 유명하다. 이 지역은 전통적인 찻집과 현대적인 카페가 공존하며, 거리 곳곳에서 전통 공연이 펼쳐진다.

이러한 프로그램들은 모두 전통문화 보존과 현대적 관광 활성화라는 목표를 일관되게 반영하고 있다.

　상권 활성화 프로그램 수립 시, 상위 콘셉트와 목표를 명확하게 반영하는 것은 성공의 열쇠다. 이를 통해 프로그램 간의 일관성을 유지하고, 상권의 종합적인 활성화를 도모할 수 있다. 상권의 특성을 분석하고, 시장조사를 통해 적합한 콘셉트와 목표를 설정한 후, 이를 바탕으로 하드웨어, 소프트웨어, 융합 프로그램을 설계해야 한다. 일관된 비전 공유와 지속적인 평가를 통해 프로그램의 효과를 극대화하고, 상권 활성화의 목표를 달성할 수 있다.

실행 프로그램 간의
연계 시너지 창출

상권 활성화 프로그램의 성공적인 실행은 각 프로그램이 독립적으로 운영되는 것보다, 서로 유기적으로 연계되어 시너지를 창출하는 데 있다. 프로그램 간의 연계성을 통해 상권 전체의 활성화 효과를 극대화할 수 있으며, 이는 궁극적으로 상권의 지속 가능한 발전을 도모한다. 여기서는 프로그램 간 연계성을 통한 시너지 창출의 중요성과 이를 실현하기 위한 구체적인 전략을 다룬다.

1. 프로그램 연계성의 중요성

프로그램 간 연계성은 상권 활성화의 핵심 요소이다. 각기 다른 프로그램이 상호 보완적으로 작용할 때, 개별 프로그램의 효과는 배가된다. 예를 들어, 물리적 환경 개선 프로그램과 문화 이벤트 프로그램이 연계되면, 상권의 매력도와 방문객 수가 동시에 증가할 수 있다. 이러한 연계성은 상권 활성화의 목표를 달성하는 데 중요한 역할을 한다.

종합적 경험 제공

고객은 상권에서 다양한 경험을 하고자 한다. 프로그램 간 연계를 통해 고객에게 종합적이고 풍부한 경험을 제공할 수 있다.

자원 최적화

상권 활성화를 위한 자원을 효율적으로 활용할 수 있다. 하나의 프로그램에서 발생한 자원을 다른 프로그램에 활용함으로써 비용 절감과 효과 증대를 도모한다.

지속 가능성 강화

연계된 프로그램은 상권의 지속 가능한 발전을 가능하게 한다. 이는 단기적인 성과를 넘어서 장기적인 상권 활성화를 이끌어낸다.

2. 연계성을 강화하는 전략

프로그램 간 연계성을 강화하기 위해서는 다음과 같은 전략을 고려해야 한다.

통합 계획 수립

상권 활성화 프로그램을 기획할 때, 각각의 프로그램이 독립적으로 운영되지 않도록 통합적인 계획을 수립한다. 이는 초기 기획 단계에서부터 프로그램 간의 연계성을 고려하는 것을 의미한다.

- 예시) 상권 내 축제 기획 시, 상점 외관 개선 프로그램과 연계하여 축제 기

상권 활성화 프로젝트 기획 실무

간에 상점들이 특별한 장식을 하도록 유도한다. 이렇게 함으로써 축제의 분위기를 높이고, 고객의 관심을 끌 수 있다.

협력 네트워크 구축

상권 내의 상인, 주민, 공공기관 등 다양한 이해관계자 간의 협력 네트워크를 구축한다. 이를 통해 각 프로그램이 원활하게 연계될 수 있도록 지원한다.

- 예시) 상권 활성화 협의회를 구성하여 정기적인 회의를 통해 프로그램 간 연계 방안을 논의하고, 필요한 자원을 공유한다. 이를 통해 상권 전체의 활성화를 위한 공동의 노력을 기울인다.

상호 보완적 프로그램 설계

프로그램 간의 상호 보완성을 고려하여 설계한다. 한 프로그램의 효과가 다른 프로그램에 긍정적인 영향을 미칠 수 있도록 한다.

- 예시) 상권 내에서 개최되는 문화 이벤트와 연계하여, 이벤트 기간에 특별 할인 행사를 진행한다. 이를 통해 고객의 방문을 유도하고, 상권의 매출을 증가시킬 수 있다.

연계된 홍보 전략

프로그램 간의 연계성을 강조한 통합적인 홍보 전략을 수립한다. 이는 고객에게 상권의 다양한 매력을 효과적으로 전달하는 데 도움이 된다.

- 예시) 상권 활성화 프로그램의 일환으로 제작된 홍보물에 각 프로그램의 연계성을 강조하여 소개한다. 온라인과 오프라인 매체를 통해 통합적으로 홍보함으로써 고객의 관심을 유도한다.

3. 연계성 강화를 위한 사례

성공적인 상권 활성화 사례를 통해 프로그램 간 연계성의 중요성을 확인할 수 있다. 예를 들어, 일본의 '다이칸야마' 지역은 상점 외관 개선 프로그램과 문화 이벤트 프로그램을 연계하여 상권 활성화에 성공한 사례다. 이 지역은 매년 개최되는 '다이칸야마 예술 축제' 기간 동안 상점들이 특별한 예술 장식을 하고, 지역 예술가들이 참여하는 다양한 행사가 열린다. 이러한 프로그램 간의 연계성은 상권의 매력을 극대화하고, 방문객 수를 크게 증가시켰다.

4. 연계성 강화를 위한 실질적 방안

프로그램 간 연계성을 강화하기 위한 실질적인 방안으로는 다음과 같은 방법들을 생각할 수 있다.

| 공동 마케팅 캠페인

상권 내의 모든 프로그램을 하나의 큰 마케팅 캠페인으로 묶어 홍보한다. 이를 통해 고객에게 상권의 다양한 매력을 한 번에 전달할 수 있다.

- 예시) 상권 활성화 프로그램의 일환으로 '상권 탐방 이벤트'를 개최하고, 상권 내의 모든 상점이 참여하는 공동 마케팅 캠페인을 진행한다. 이를 통해 고객이 상권을 종합적으로 경험할 수 있도록 유도한다.

통합 운영 시스템 도입

프로그램 간의 연계성을 강화하기 위해 통합 운영 시스템을 도입한다. 이를 통해 프로그램 간의 정보 공유와 자원 배분이 원활하게 이루어질 수 있다.

- 예시) 상권 활성화 협의회를 중심으로 통합 운영 시스템을 구축하고, 각 프로그램의 진행 상황과 성과를 공유한다. 이를 통해 상권 전체의 활성화를 위한 종합적인 전략을 수립한다.

고객 피드백 반영

프로그램 간 연계성을 강화하기 위해 고객의 피드백을 적극 반영한다. 고객의 의견을 수렴하여 프로그램을 개선하고, 연계성을 강화할 방안을 모색한다.

- 예시) 상권 활성화 프로그램의 일환으로 고객 설문조사를 실시하고, 이를 바탕으로 프로그램 간의 연계성을 강화할 수 있는 개선 방안을 마련한다.

프로그램 간의 연계성을 통한 시너지 창출은 상권 활성화의 중요한 요소다. 통합 계획 수립, 협력 네트워크 구축, 상호 보완적 프로그램 설계, 연계된 홍보 전략 등을 통해 프로그램 간의 연계성을 강화할 수 있다. 성공적인 상권 활성화 사례를 통해 연계성의 중요성을 확인할 수 있으며, 실질적인 방안을 통해 연계성을 강화함으로써 상권의 지속 가능한 발전을 도모할 수 있다. 프로그램 간의 연계성을 통해 상권의 매력과 경쟁력을 높이고, 고객에게 종합적이고 풍부한 경험을 제공하는 것이 상권 활성화의 궁극적인 목표이다.

정부 및 지자체 연계사업과의 시너지 창출

   상권 활성화 프로그램을 효과적으로 수립하고 실행하기 위해서는 정부 및 지자체와의 협력과 연계를 통해 시너지를 창출하는 것이 매우 중요하다. 다양한 정부 부처 및 지자체에서 추진하는 사업들과의 협력은 상권 활성화에 필요한 자원과 지원을 확보하는 데 큰 도움이 된다.

   이번 장에서는 도시재생사업, 농어촌지원사업, 행정안전부의 로컬상권/지방소멸기금사업, 관광벤처 등 지역관광 활성화사업, 중소벤처기업부의 동네상권발전소 및 로컬 크리에이터 육성사업, 글로컬상권 육성사업 등을 포함한 다양한 연계사업과의 협력 방안을 살펴본다.

1. 도시재생사업과의 연계

   도시재생사업은 낙후된 도시 지역을 재개발하고 활력을 되찾기 위한 정부의 중요한 프로젝트이다. 이와 연계하여 상권 활성화 프로그램을 추진하면, 상권의 물리적 환경 개선뿐만 아니라 지역 주민의 삶의 질 향상에도 기여할 수 있다. 예를 들어, 도시재생사업을 통해 상권 내 노후 건물을 리모델링하거나 공원, 광장 등의 공공시설을 조성하여 지역 주민과 방문객이 즐길 수 있는 공간을 마련할 수 있다. 이러한 공간은 자연스럽게 사람들의 유입을 증가시키고, 상권의 활성화를 촉진하는 역할을 한다.

2. 농어촌지원사업과의 연계

농어촌지원사업은 주로 농어촌 지역의 경제적 발전과 주민의 삶의 질 향상을 목표로 한다. 이러한 사업과 연계하여 상권 활성화 프로그램을 추진하면, 농어촌 지역의 특산물과 관광자원을 활용한 마케팅 전략을 수립할 수 있다. 예를 들어, 지역의 농산물이나 수산물을 활용한 특화된 상점이나 식당을 운영하거나, 지역 축제를 통해 관광객을 유치하는 방안을 생각할 수 있다. 이러한 접근은 농어촌 지역 상권의 경쟁력을 높이고, 지역경제에 활력을 불어넣을 수 있다.

3. 행정안전부의 로컬상권/지방소멸기금사업과의 연계

행정안전부는 지방소멸 위기에 처한 지역의 상권을 지원하기 위해 로컬상권 및 지방소멸기금사업을 추진하고 있다. 이와 연계하여 상권 활성화 프로그램을 수립하면, 지역 상권의 지속 가능한 발전을 도모할 수 있다. 예를 들어, 지방소멸기금을 활용하여 지역 상권의 인프라를 개선하거나, 지역 상인들을 대상으로 한 교육 및 컨설팅 프로그램을 운영할 수 있다. 이를 통해 상인들의 역량을 강화하고, 상권의 경쟁력을 높일 수 있다.

4. 관광벤처 등 지역관광 활성화사업과의 연계

관광벤처 및 지역관광 활성화사업은 지역의 관광자원을 활용하여 경제적 발전을 도모하는 데 초점을 맞추고 있다. 이러한 사업과 연계하여 상권 활성화 프로그램을 추진하면, 관광객 유입을 통해 상권의 매출을 증대시킬 수 있다. 예를 들어, 지역의 역사적 유적지나 자연경관을 중심으로 한 관광 코스를 개발하고, 이에 맞춘 상권 내 상점들의 상품 및 서비스 전략을 수립할 수 있다. 또한, 지역 축제나 이벤트를 통해 관광객을 유치하고, 이를 통해 상권의 인지도를 높일 수 있다.

5. 중소벤처기업부의 동네상권발전소 및 로컬 크리에이터 육성 등과의 연계

중소벤처기업부는 동네상권발전소 및 로컬 크리에이터 육성 사업을 통해 지역 상권의 활성화를 지원하고 있다. 이와 연계하여 상권 활성화 프로그램을 추진하면, 지역 상권의 창의성과 혁신성을 높일 수 있다. 예를 들어, 로컬 크리에이터들과 협력하여 지역 상권에 새로운 아이디어와 트렌드를 도입하고, 이를 통해 상권의 매력을 높일 수 있다. 또한, 동네상권발전소를 통해 상인들에게 창업 및 경영 컨설팅을 제공하고, 이를 통해 상인들의 역량을 강화할 수 있다.

글로컬상권 육성과의 연계

글로컬상권 육성 사업은 지역 상권을 글로벌 시장과 연결하여 경제적 가치를 창출하는 것을 목표로 한다. 이와 연계하여 상권 활성화 프로그램을 추진하면, 지역 상권의 글로벌 경쟁력을 높일 수 있다. 예를 들어, 지역의 특산물을 글로벌 시장에 소개하고, 이를 통해 지역 상권의 매출을 증대시킬 수 있다. 또한, 해외 관광객을 대상으로 한 마케팅 전략을 수립하여, 지역 상권의 인지도를 높이고, 방문객 수를 증가시킬 수 있다.

6. 기타 정부 부처 및 지자체 연계사업과의 연계

상권 활성화 프로그램을 성공적으로 추진하기 위해서는 다양한 정부 부처 및 지자체와의 협력이 필수적이다. 예를 들어, 문화체육관광부와 협력하여 지역 문화 및 예술 자원을 활용한 상권 활성화 전략을 수립하거나, 환경부와 협력하여 상권 내 친환경 인프라를 구축하는 방안을 생각할 수 있다. 이러한 협력은 상권의 다각적인 발전을 도모하고, 지역 주민과 방문객 모두에게 매력적인 상권을 조성하는 데 큰 도움이 된다.

상권 활성화 프로그램을 효과적으로 수립하고 실행하기 위해서는 정부 및 지자체와의 협력과 연계가 매우 중요하다. 다양한 정부 부처 및 지자체에서 추진하는 연계사업과 협력하여 상권의 물리적 환경 개선, 경제적 경쟁력 강화, 주민 삶의 질 향상 등을 도모할 수 있다. 이를 통해 상권은 지속 가능한 발전을 이루고, 지역경제에 활력을 불어넣을 수 있다. 상권 활성화 프로그램의 성공적인 추진을 위해 정부 및 지자체와의 협력을 적극적으로 모색해야 할 것이다.

브랜딩과 홍보마케팅

상권 활성화에서 브랜딩과 홍보마케팅은 필수적인 요소다. 강력한 브랜딩과 효과적인 홍보마케팅은 상권의 인지도를 높이고, 방문객을 유치하는 데 큰 역할을 한다. 상권의 개성과 특성을 명확히 하고, 이를 기반으로 브랜딩 전략을 수립하고, 다양한 홍보마케팅 활동을 통해 상권의 매력을 전달하는 것이 중요하다.

1. 상권 브랜딩의 중요성

브랜딩은 상권의 아이덴티티를 구축하고, 이를 통해 차별화된 이미지를 형성하는 과정이다. 상권의 브랜딩은 고객들이 상권을 어떻게 인식하고 기억하는지를 결정짓는다. 브랜딩이 잘 이루어지면 고객들은 상권을 단순한 쇼핑 장소가 아닌 특별한 경험을 제공하는 공간으로 인식하게 된다.

일관성 있는 브랜드 메시지

상권의 브랜드 메시지는 일관성이 있어야 한다. 상권의 비전과 미션, 핵심 가치를 명확히 하고, 이를 모든 커뮤니케이션 채널에서 일관되게 전달해야 한다. 예를 들어, 전통시장이 "지역사회와 함께하는 역사와 문화의 중심지"라는 메시지를 가지고 있다면, 이를 모든 홍보물과 이벤트에서 일관되게 전달해야 한다.

브랜드 아이덴티티 구축

상권의 로고, 색상, 디자인 요소 등 시각적 아이덴티티를 확립해야 한다. 이는 고객들이 상권을 쉽게 인식하고 기억할 수 있도록 도와준다. 예를 들어, 전통시장은 전통적인 디자인 요소를 활용한 로고와 색상을 통해 브랜드 아이덴티티를 강화할 수 있다.

브랜드 스토리텔링

상권의 역사, 상인들의 이야기, 지역사회와의 연계 등을 통해 브랜드 스토리를 만들어야 한다. 이러한 스토리텔링은 고객들에게 감동을 주고, 상권에 대한 정서적 유대감을 형성하는 데 도움이 된다. 예를 들어, 상인들이 들려주는 시장의 역사와 전통을 담은 이야기는 고객들에게 특별한 경험을 제공할 수 있다.

2. 상권 홍보마케팅 전략

홍보마케팅은 상권의 인지도를 높이고, 방문객을 유치하는 데 중요한 역할을 한다. 효과적인 홍보마케팅 전략을 통해 상권의 매력을 널리 알리고, 고객들의 방문을 유도할 수 있다.

디지털 마케팅

소셜 미디어, 블로그, 웹사이트 등을 활용한 디지털 마케팅은 상권 홍보에 필수적이다. 소셜 미디어를 통해 상권의 이벤트, 프로모션, 상인들의 이야기 등을 실시간으로 공유하고, 고객들과의 소통을 강화할 수 있다. 예를 들어, 전통시장의 페이스북 페이지를 통해 주말 이벤트와 특산물 프로모션을 홍보하고, 고객들의 참여를 유도할 수 있다.

콘텐츠 마케팅

상권의 특성을 반영한 다양한 콘텐츠를 제작하여 홍보하는 것도 효과적이다. 블로그 포스트, 유튜브 영상, 인스타그램 스토리 등을 통해 상권의 매력과 독특한 점을 소개할 수 있다. 예를 들어, 전통시장 상인들이 직접 전통 음식을 만드는 과정을 담은 유튜브 영상을 제작하여 고객들에게 공유할 수 있다.

이벤트 마케팅

정기적인 이벤트와 축제는 상권의 인지도를 높이고, 방문객을 유치하는 데 큰 도움이 된다. 시즌별로 다양한 이벤트를 기획하고, 이를 통해 상권의 활기를 더할 수 있다. 예를 들어, 전통시장에서는 명절마다 전통 놀이 체험 행사와 특산물 장터를 열어 고객들의 방문을 유도할 수 있다.

지역 커뮤니티와의 협력

지역 커뮤니티와의 협력은 상권 홍보에 효과적이다. 지역 주민들이 상권을 자주 찾고, 긍정적인 평가를 할 때 상권의 인지도가 높아진다. 지역 단체와 협력하여 다양한 사회 공헌 활동을 전개하고, 지역 주민들과의 유대감을 강화할 수 있다. 예를 들어, 전통시장은 지역 학교와 협력하여 전통문화 체험 프로그램을 운영할 수 있다.

언론 홍보

언론을 통한 홍보도 상권의 인지도를 높이는 데 효과적이다. 지역 신문, 방송, 온라인 매체 등을 통해 상권의 특성과 이벤트를 홍보할 수 있다. 기자 초청 행사를 통해 상권의 매력을 직접 체험하게 하고, 이를 기사로 작성하게 함으로써 홍보 효과를 극대화할 수 있다.

3. 브랜딩과 홍보마케팅의 연계성

브랜딩과 홍보마케팅은 상호 연계되어야 한다. 강력한 브랜드 아이덴티티를 구축하고, 이를 기반으로 한 홍보마케팅 전략을 통해 상권의 매력을 효과적으로 전달할 수 있다. 브랜딩이 잘 된 상권은 홍보마케팅 활동에서 일관성을 유지하며, 고객들에게 신뢰감을 줄 수 있다.

일관된 커뮤니케이션

모든 홍보마케팅 활동에서 일관된 메시지와 비주얼 아이덴티티를 유지해야 한다. 이는 상권의 브랜드 이미지를 강화하고, 고객들에게 명확한 인상을 줄 수 있다. 예를 들어, 전통시장의 모든 홍보물에 전통적인 디자인 요소와 브랜드 메시지를 일관되게 적용해야 한다.

고객 경험 강화

브랜딩과 홍보마케팅을 통해 고객들에게 일관된 경험을 제공해야 한다. 상권 방문 전부터 방문 중, 방문 후까지 일관된 브랜드 경험을 제공함으로써 고객들의 만족도를 높일 수 있다. 예를 들어, 전통시장의 웹사이트, 소셜 미디어, 실제 상권 방문에서 일관된 브랜드 이미지를 유지해야 한다.

데이터 기반 전략

브랜딩과 홍보마케팅 활동의 효과를 측정하고, 이를 바탕으로 전략을 조정해야 한다. 데이터 분석을 통해 어떤 활동이 효과적인지 파악하고, 이에 따라 자원을 효율적으로 배분할 수 있다. 예를 들어, 소셜 미디어 캠페인의 참여율과 웹사이트 방문 데이터를 분석하여 향후 홍보 전략을 개선할 수 있다.

브랜딩과 홍보마케팅은 상권 활성화의 중요한 요소다. 강력한 브랜드 아이덴티티를 구축하고, 이를 기반으로 한 효과적인 홍보마케팅 전략을 통해 상권의 인지도를 높이고, 방문객을 유치할 수 있다. 일관된 브랜드 메시지와 비주얼 아이덴티티, 다양한 디지털 마케팅과 콘텐츠 마케팅, 정기적인 이벤트와 지역 커뮤니티와의 협력, 언론 홍보 등을 통해 상권의 매력을 널리 알릴 수 있다.

브랜딩과 홍보마케팅은 상권의 지속 가능한 발전을 도모하며, 고객들에게 특별한 경험을 제공하는 데 중요한 역할을 한다. 이를 통해 상권은 단순한 소비 공간을 넘어 지역의 문화를 체험할 수 있는 특별한 장소로 거듭날 수 있다.

성과 창출을 위한 홍보마케팅 실행 팁

상권 활성화를 위해서는 강력한 브랜딩과 효과적인 홍보마케팅 전략이 필수적이다. 그러나 이 전략들이 실제 성과를 창출하려면 실행 과정에서 세심한 주의와 노력이 필요하다. 다음은 상권의 홍보마케팅 활동을 통해 성과를 창출하기 위한 구체적인 실행 팁이다.

1. 목표 설정과 계획 수립

┃명확한 목표 설정

모든 홍보마케팅 활동은 명확한 목표를 가지고 있어야 한다. 목표는 구체적이고 측정 가능해야 하며, 예를 들어 "한 달 내에 상권 방문객 수를 20% 증가시키겠다"는 목표를 설정할 수 있다.

┃계획 수립

목표를 달성하기 위한 구체적인 계획을 수립해야 한다. 이 계획에는 필요한 자원, 예상되는 비용, 구체적인 활동 내용, 그리고 시간표가 포함되어야 한다. 예를 들어, 소셜 미디어 캠페인을 통해 목표를 달성하기 위해 어떤 콘텐츠를 언제 게시할지 계획을 세운다.

2. 타겟 고객 분석

| 타겟 고객 정의

상권의 주요 타겟 고객을 명확히 정의해야 한다. 이는 연령, 성별, 소득 수준, 취향 등 다양한 요소를 고려하여 결정된다. 예를 들어, 전통시장의 경우 주로 중장년층과 가족 단위 고객이 주요 타겟일 수 있다.

| 고객 데이터 활용

기존 고객 데이터와 시장조사를 통해 타겟 고객의 선호도와 행동 패턴을 분석한다. 이를 통해 어떤 유형의 마케팅 메시지가 가장 효과적일지 파악할 수 있다. 예를 들어, 가족 단위 고객은 체험형 이벤트에 큰 관심을 가질 수 있다.

3. 디지털 마케팅 활용

| 블로그/소셜 미디어

블로그, 페이스북, 인스타그램 등 소셜 미디어 플랫폼을 활용해 상권을 홍보한다. 정기적으로 상권의 이벤트, 프로모션, 상인들의 이야기 등을 게시하여 고객들과 소통을 강화한다. 예를 들어, 인스타그램에서 상권 내 인기 상점의 상품을 소개하는 게시물을 정기적으로 올린다.

콘텐츠 마케팅

블로그, 유튜브, 팟캐스트 등 다양한 콘텐츠 채널을 통해 상권의 매력을 알린다. 상권의 역사, 상인들의 인터뷰, 특산물 요리법 등 다양한 콘텐츠를 제작하여 고객들에게 유익한 정보를 제공한다. 예를 들어, 유튜브 채널을 통해 전통시장의 특산물 요리법을 소개하는 영상을 제작한다.

이메일 마케팅

정기적인 이메일 뉴스레터를 통해 상권의 최신 소식과 이벤트 정보를 제공한다. 이메일 마케팅은 고객과의 긴밀한 관계를 유지하는 데 효과적이다. 예를 들어, 상권의 새로운 상점 오픈 소식을 뉴스레터로 발송한다.

4. 오프라인 마케팅 전략

이벤트와 프로모션

정기적인 이벤트와 프로모션을 통해 고객들의 방문을 유도한다. 명절, 기념일, 계절별 이벤트 등을 기획하여 상권에 활기를 불어넣는다. 예를 들어, 추석을 맞아 전통시장에서는 특별 할인 행사와 전통 놀이 체험 이벤트를 개최한다.

고객 참여 프로그램

고객들이 직접 참여할 수 있는 프로그램을 운영하여 상권에 대한 관심과 애정을 높인다. 요리 클래스, 예술 워크숍, 체험 프로그램 등을 통해 고객들과의 상호작용을 강화한다. 예를 들어, 전통시장에서 상인들과 함께 만드는 전통 음식 요리 클래스를 운영한다.

지역 커뮤니티와의 협력

지역 커뮤니티와의 긴밀한 협력을 통해 상권을 홍보한다. 지역 단체, 학교, 기업 등과 협력하여 공동 이벤트를 기획하고, 상권의 인지도를 높인다. 예를 들어, 지역 학교와 협력하여 전통문화 체험 프로그램을 운영하고, 학생들을 상권으로 유도한다.

5. 성과 측정과 피드백

성과 측정 지표 설정

홍보마케팅 활동의 성과를 측정할 수 있는 지표를 설정한다. 방문객 수, 매출 증가율, 소셜 미디어 참여도, 이메일 오픈율 등 다양한 지표를 활용할 수 있다. 예를 들어, 소셜 미디어 캠페인의 성과를 측정하기 위해 게시물의 좋아요 수와 공유 수를 분석한다.

정기적인 성과 평가

정기적으로 성과를 평가하고, 목표 달성 여부를 확인한다. 이를 통해 어떤 활동이 효과적이었는지, 어떤 부분을 개선해야 하는지 파악할 수 있다. 예를 들어, 매월 말에 홍보마케팅 성과 보고서를 작성하여 활동의 성과를 분석한다.

고객 피드백 수집

고객들의 피드백을 수집하여 홍보마케팅 활동에 반영한다. 설문조사, 인터뷰, 소셜 미디어 댓글 등을 통해 고객들의 의견을 듣고, 이를 바탕으로 전략을 수정한다. 예를 들어, 이벤트 후 참가자들에게 설문조사를 실시하여 만족도와 개선점을 파악한다.

6. 지속적인 개선과 혁신

트렌드 모니터링

최신 마케팅 트렌드를 지속적으로 모니터링하고, 이를 홍보마케팅 활동에 반영한다. 디지털 마케팅의 빠른 변화에 대응하기 위해 새로운 도구와 플랫폼을 적극 활용한다. 예를 들어, 최신 소셜 미디어 플랫폼인 틱톡을 활용하여 상권을 홍보한다.

창의적인 아이디어 도입

기존의 틀에 얽매이지 않고 창의적인 아이디어를 도입하여 상권을 홍보한다. 새로운 콘텐츠 형식, 이벤트 형식 등을 시도하여 고객들의 흥미를 끈다. 예를 들어, 상권 내 모든 상점이 참여하는 대규모 보물찾기 이벤트를 개최한다.

파트너십 강화

다른 상권, 기업, 단체와의 파트너십을 강화하여 공동 마케팅 활동을 전개한다. 협력 관계를 통해 더 큰 시너지 효과를 창출할 수 있다.

예를 들어, 인근 쇼핑몰과 협력하여 공동 프로모션을 진행하고, 고객들에게 다양한 혜택을 제공한다.

성과 창출을 위한 홍보마케팅 실행은 상권 활성화의 핵심 과제다. 브랜딩과 홍보마케팅이 상호 연계되어 일관된 메시지와 경험을 제공할 때, 상권은 고객들에게 특별한 장소로 기억될 수 있다. 이를 통해 상권은 지속 가능한 발전을 이루고, 지역경제 활성화에 기여할 수 있다.

사후 관리 계획 수립

상권 활성화 실행 프로그램의 성공적인 완료 이후에도 지속적인 성과를 유지하고 개선하기 위해 사후 관리 계획을 수립하는 것은 필수적이다. 사후 관리 계획은 사업의 성과를 유지하고, 발생할 수 있는 문제를 신속히 해결하며, 지속 가능한 발전을 도모하는 데 중요하다. 사업 관계자들의 역할 분담을 통한 사후 관리 계획 수립과 적용, 세부 사업별 성과 수집 및 성과품 인수인계서 작성, 성과평가보고서 작성 및 제출 방법 등이다.

1. 사업관계자들의 역할 분담을 통한 사후 관리 계획

사후 관리 계획의 성공적인 실행을 위해서는 사업관계자들의 명확한 역할 분담이 필요하다. 각 이해관계자가 맡은 역할을 명확히 하고, 이를 통해 상권 활성화의 지속성을 확보한다.

상인회

상인회는 상권 활성화의 핵심 주체로서, 상권 내 상인들의 의견을 수렴하고, 상권의 일상적인 운영과 관리를 책임진다.

주요 역할: 상인 간 협력 강화, 상권 내 문제점 파악 및 해결, 상인 교육 및 역량 강화 프로그램 운영

지자체

지자체는 상권 활성화를 위한 행정적 지원과 재정적 지원을 제공한다. 또한, 상권의 발전을 위해 필요한 인프라 개선을 추진한다.

- 주요 역할: 재정 지원, 인프라 개선, 정책 지원, 상권 활성화 관련 법규 및 규제 관리

상권 관리 전문기관

상권 관리 전문기관은 상권 활성화 프로젝트의 전반적인 관리를 담당하며, 성과 평가와 보고를 주도적으로 수행한다.

- 주요 역할: 프로젝트 관리, 성과 평가, 데이터 수집 및 분석, 성과보고서 작성 및 제출

지역 주민

지역 주민은 상권 활성화의 혜택을 직접적으로 받는 이해관계자로서, 상권의 발전을 위해 적극적으로 참여하고 협력한다.

- 주요 역할: 상권 행사 참여, 상인회와의 협력, 상권 개선 아이디어 제안

2. 세부 사업별 성과 수집 및 성과품 인수인계서 작성

상권 활성화 프로젝트의 성과를 체계적으로 수집하고 관리하기 위해

서는 각 세부 사업별로 성과를 수집하고, 이를 문서화하는 것이 중요하다. 성과품 인수인계서는 프로젝트의 성과를 공식적으로 인수인계하는 과정에서 작성된다.

성과 수집 절차

각 세부 사업의 성과를 정기적으로 수집하고, 이를 체계적으로 기록한다.

- 예시) 매출 증가율, 방문객 수 변화, 고객 만족도 조사 결과 등을 수집하여 데이터베이스에 저장한다.

성과품 인수인계서 작성

성과품 인수인계서는 각 세부 사업의 성과를 공식적으로 확인하고 인수인계하는 문서이다.

인수인계서에는 성과의 내용, 인수인계 일자, 인수인계자 및 확인자의 서명이 포함된다.

- 예시) "상권 내 주차장 확충 사업" 성과품 인수인계서에는 주차장 확충 완료 여부, 사용 가능 여부, 인수인계 일자 등이 기재된다.

3. 성과평가보고서 작성 및 이해관계자 제출

사업의 성과를 평가하고 이를 이해관계자에게 보고하는 과정은 사후관리 계획의 핵심 요소 중 하나이다. 성과평가보고서는 상권 활성화 프로젝트의 성과를 종합적으로 평가하고, 향후 개선 방안을 제시하는 문서이다.

성과평가보고서 작성 절차

각 세부 사업의 성과를 종합하여 성과평가보고서를 작성한다. 보고서에는 사업 목표 달성 여부, 성과 지표 분석, 문제점 및 개선 방안 등이 포함된다.

- 예시) "상권 내 매출 증대 사업"의 성과평가보고서에는 매출 증가율, 주요 성과, 문제점, 개선 방안 등이 기재된다.

성과평가보고서 제출

성과평가보고서는 주요 이해관계자(지자체, 상인회, 상권 관리 전문기관 등)에게 제출된다. 보고서 제출 후 이해관계자와의 피드백 회의를 통해 성과를 공유하고, 향후 개선 방안을 논의한다.

- 예시) 성과평가보고서를 지자체에 제출한 후, 지자체와 상인회가 함께 성과를 검토하고 향후 발전 방향을 논의한다.

상권 활성화 프로젝트 기획 실무

10

로컬 콘텐츠 창출과 거버넌스 구축

차별적인 로컬 콘텐츠의 중요성

상권 활성화에 있어 차별적인 로컬 콘텐츠는 매우 중요한 역할을 한다. 로컬 콘텐츠는 상권의 독특한 매력과 정체성을 부각하며, 다른 상권과의 차별화를 가능하게 한다. 이는 고객들에게 특별한 경험을 제공하고, 상권에 대한 긍정적인 인식을 심어주며, 재방문을 유도하는 데 큰 도움이 된다. 차별적인 로컬 콘텐츠의 중요성과 그 개발 방법을 살펴보자.

1. 차별화된 로컬 콘텐츠의 중요성

상권의 독창성 부각

로컬 콘텐츠는 상권의 독창성을 부각할 수 있다. 이는 지역의 고유한 문화, 역사, 특산물 등을 반영하여 상권만의 독특한 매력을 만들 수 있다. 예를 들어, 전통시장에서 지역특산물을 활용한 요리 체험 프로그램을 운영하면, 방문객들은 그 시장에서만 경험할 수 있는 특별함을 느끼게 된다. 이는 고객들에게 상권의 고유한 이미지를 심어주고, 경쟁 상권과의 차별화를 가능하게 한다.

고객 유치와 유지

차별화된 로컬 콘텐츠는 고객 유치와 유지에 중요한 역할을 한다. 고객들은 단순히 물건을 사는 것 이상의 경험을 원한다. 독특한 로컬 콘텐츠를 통해 고객들에게 특별한 경험을 제공하면, 고객들은 상권에 대한 긍정적인 기억을 갖게 되고, 재방문을 유도할 수 있다. 예를 들어, 로컬관광형 시장에서 지역 역사와 문화를 반영한 투어 프로그램을 운영하면, 방문객들은 그 지역의 특별한 이야기를 체험하게 되어 상권에 대한 흥미와 애착을 가지게 된다.

지역경제 활성화

로컬 콘텐츠는 지역경제 활성화에도 기여한다. 지역특산물, 전통 공예품, 지역 예술가들의 작품 등을 활용한 콘텐츠는 지역경제를 직접적으로 지원한다. 예를 들어, 골목형 상점가에서 지역 예술가들의 작품을 전시하고 판매하는 갤러리를 운영하면, 예술가들에게는 작품을 소개하고 판매할 기회를 제공하며, 상권에는 독특한 문화적 가치를 더할 수 있다.

브랜드 이미지 강화

차별화된 로컬 콘텐츠는 상권의 브랜드 이미지를 강화하는 데 큰 도움이 된다. 상권의 정체성과 가치를 잘 반영한 콘텐츠는 고객들에게 상권의 이미지를 명확하게 전달할 수 있다. 이는 상권의 일관된 브랜드 메시지를 형성하고, 고객들에게 신뢰감을 줄 수 있다. 예를 들어, 전통 시장에서 전통 놀이 체험 프로그램을 운영하면, 고객들은 그 시장을 전통과 문화의 중심지로 인식하게 된다.

2. 로컬 콘텐츠 개발 방법

┃ 지역 특성 분석

로컬 콘텐츠 개발의 첫 단계는 지역 특성을 분석하는 것이다. 지역의 역사, 문화, 특산물, 인물 등을 분석하여 상권에 맞는 콘텐츠를 발굴해야 한다. 예를 들어, 전통시장이 위치한 지역의 역사와 문화를 조사하고, 이를 반영한 콘텐츠를 개발할 수 있다.

┃ 고객 요구 반영

고객의 요구와 기대를 반영한 콘텐츠 개발이 중요하다. 이를 위해 고객 조사를 실시하고, 고객들이 원하는 경험과 가치를 파악해야 한다. 예를 들어, 젊은 층이 많이 방문하는 상권이라면, 그들이 선호하는 트렌디한 콘텐츠를 개발할 수 있다.

┃ 지역 자원 활용

지역의 자원을 최대한 활용하여 콘텐츠를 개발해야 한다. 지역특산물, 전통 공예품, 지역 예술가들의 작품 등을 활용하여 콘텐츠를 만들면, 상권의 독창성을 더욱 부각할 수 있다. 예를 들어, 로컬관광형 시장에서 지역특산물을 활용한 요리 체험 프로그램을 운영할 수 있다.

┃ 커뮤니티 협력

상권 활성화 프로젝트 기획 실무

지역 커뮤니티와의 협력을 통해 로컬 콘텐츠를 개발하는 것도 중요한 방법이다. 지역 주민, 상인, 예술가 등과 협력하여 콘텐츠를 개발하면, 상권의 정체성을 더 잘 반영할 수 있다. 예를 들어, 골목형 상점가에서 지역 예술가들과 협력하여 거리 미술 전시회를 개최할 수 있다.

지속 가능한 콘텐츠 개발

로컬 콘텐츠는 일회성 이벤트가 아니라 지속 가능한 콘텐츠로 개발되어야 한다. 이를 위해 정기적으로 콘텐츠를 업데이트하고, 새로운 아이디어를 도입해야 한다. 예를 들어, 전통시장에서 매달 다른 주제를 가진 전통문화 체험 프로그램을 운영할 수 있다.

3. 로컬 콘텐츠 개발 예시

1) 전통시장

전통놀이 체험 프로그램

전통시장에서 매주 주말 전통 놀이 체험 프로그램을 운영하여 가족 단위 고객들을 유치할 수 있다. 제기차기, 딱지치기 등 전통 놀이를 체험하며, 아이들과 부모들이 함께 즐길 수 있는 시간을 제공한다.

특산물 요리 교실

지역특산물을 활용한 요리 교실을 운영하여 고객들에게 특별한 경험을 제공한다. 예를 들어, 한과 만들기, 된장 담그기 등 전통 음식 요리 교실을 통해 고객들이 직접 참여하고 배우는 기회를 제공한다.

2) 골목형 상점가

| 거리 미술 전시회

지역 예술가들과 협력하여 골목 곳곳에 미술 작품을 전시한다. 거리 미술 전시회는 예술적인 분위기를 조성하고, 방문객들에게 문화적 경험을 제공할 수 있다.

| 플리마켓

지역 주민들이 참여하는 플리마켓을 정기적으로 개최하여 골목상권에 활기를 더한다. 주민들이 직접 만든 수공예품, 중고품 등을 판매하는 플리마켓은 상권의 친근한 이미지를 형성할 수 있다.

3) 로컬관광형 시장

| 역사 투어 프로그램

지역의 역사와 문화를 반영한 투어 프로그램을 운영한다. 시장 주변의 역사적인 장소를 방문하고, 시장의 역사에 대해 배우는 투어 프로그램은 방문객들에게 깊은 인상을 남길 수 있다.

| 문화 공연

지역 음악가, 무용가 등을 초청하여 정기적인 문화 공연을 개최한다. 전통 음악 공연, 민속 무용 공연 등 다양한 문화 공연을 통해 방문객들에게 특별한 경험을 제공한다.

4) 음식특화거리

| 셰프 초청 요리 교실

유명 셰프를 초청하여 요리 교실을 운영한다. 고객들은 셰프와 함께 요리를 배우고, 직접 만든 음식을 맛볼 수 있다. 이는 음식특화거리를 특별한 미식 경험의 장소로 만들 수 있다.

| 음식 축제

계절별로 다양한 음식 축제를 개최하여 고객들의 방문을 유도한다. 봄에는 딸기 축제, 여름에는 해산물 축제 등 계절별 특산물을 활용한 음식 축제는 방문객들에게 다양한 미식 경험을 제공할 수 있다.

차별적인 로컬 콘텐츠는 상권 활성화의 핵심 요소다. 상권의 독창성을 부각하고, 고객 유치와 유지를 가능하게 하며, 지역경제 활성화와 브랜드 이미지 강화를 돕는다. 상권은 차별적인 로컬 콘텐츠를 통해 단순한 소비 공간을 넘어 지역의 문화를 체험할 수 있는 특별한 장소로 거듭날 수 있다. 차별적인 로컬 콘텐츠는 상권의 지속 가능한 발전을 위한 중요한 전략이며, 고객들에게 잊을 수 없는 특별한 경험을 제공하는 데 큰 역할을 한다.

지역 특색을 살린
로컬 콘텐츠 창출 방법

로컬 콘텐츠는 상권의 활성화와 지역경제 발전에 중요한 역할을 한다. 지역 특색을 살린 로컬 콘텐츠는 지역 주민과 방문객에게 특별한 경험을 제공하며, 지역의 정체성을 강화한다. 이번 장에서는 지역 특색을 살린 로컬 콘텐츠를 창출하는 방법을 살펴본다.

1. 지역 자원 발굴과 활용

지역 특색을 살린 로컬 콘텐츠를 창출하기 위해서는 우선 지역 자원을 발굴하고 이를 효과적으로 활용하는 것이 중요하다. 지역 자원은 자연경관, 역사적 유산, 지역 인물, 특산물 등 다양하다. 이러한 자원을 최대한 활용하여 독특한 콘텐츠를 만들어 내야 한다.

자연경관 활용

지역의 자연경관은 강력한 로컬 콘텐츠가 될 수 있다. 아름다운 풍경, 자연 명소 등을 활용하여 관광 콘텐츠를 개발할 수 있다.

- 예시) 강변에 위치한 지역에서는 강을 중심으로 한 레저 스포츠 프로그램

을 개발하거나, 자연 트레일을 조성하여 하이킹 투어를 운영할 수 있다. 이러한 콘텐츠는 자연경관을 즐기려는 방문객을 유치할 수 있다.

역사적 유산 활용

지역의 역사적 유산은 지역 특색을 살린 콘텐츠 창출에 중요한 자원이다. 지역의 역사적 사건, 건축물, 전통문화를 활용하여 콘텐츠를 개발한다.

- 예시) 오래된 성곽이나 고택이 있는 지역에서는 역사 투어 프로그램을 운영하거나, 전통문화 체험 행사를 기획할 수 있다. 이러한 콘텐츠는 지역의 역사와 문화를 경험하고자 하는 방문객에게 매력적이다.

지역 인물 활용

지역에서 활동하는 유명 인물이나 예술가, 공예가 등을 활용하여 로컬 콘텐츠를 창출할 수 있다. 이들의 이야기를 담은 콘텐츠는 지역의 독특한 매력을 강조할 수 있다.

- 예시) 지역 출신의 유명 작가나 예술가가 있다면, 그들의 작품 전시회나 워크숍을 개최할 수 있다. 또한, 이들의 생애와 업적을 소개하는 콘텐츠를 제작하여 지역의 자긍심을 높일 수 있다.

특산물 활용

지역특산물을 활용한 콘텐츠는 방문객에게 지역의 맛과 향을 경험하게 한다. 특산물을 이용한 요리, 체험 프로그램 등을 통해 지역의 고유한 매력을 전달할 수 있다.

- 예시) 특산물을 활용한 요리 대회나 시식회를 개최하고, 특산물 생산지를

방문하는 투어 프로그램을 운영할 수 있다. 이러한 콘텐츠는 지역의 농산물이나 수산물을 홍보하고, 지역경제를 활성화하는 데 기여한다.

2. 지역 커뮤니티와의 협력

지역 특색을 살린 로컬 콘텐츠를 창출하기 위해서는 지역 커뮤니티와의 협력이 필수적이다. 지역 주민, 상인, 단체와 협력하여 콘텐츠를 기획하고 실행함으로써, 지역 전체의 참여와 지지를 얻을 수 있다.

지역 주민 참여

지역 주민의 의견을 수렴하고, 그들이 직접 참여할 수 있는 콘텐츠를 기획한다. 주민의 참여는 콘텐츠의 질을 높이고, 지역사회의 결속력을 강화한다.

- 예시) 지역 축제나 행사 기획 시, 주민들이 직접 참여하는 프로그램을 마련한다. 주민들이 자신의 재능을 발휘할 수 있는 공연, 전시, 체험 부스를 운영하도록 유도한다.

지역 상인 협력

지역 상인과의 협력을 통해 로컬 콘텐츠를 더욱 풍부하게 만들 수 있다. 상인들이 자신의 가게나 상품을 콘텐츠에 포함하도록 하여, 상권 전체의 활성화를 도모한다.

- 예시) 지역 상점들이 참여하는 스탬프 투어 프로그램을 운영하여, 방문객이 여러 상점을 방문하고 도장을 모으면 선물을 받을 수 있도록 한다. 이를 통해 상인들의 매출 증대와 방문객 유입을 동시에 이끌어낼 수 있다.

지역 단체와의 연계

지역의 다양한 단체와 협력하여 로컬 콘텐츠를 기획하고 실행한다. 단체의 전문성과 자원을 활용하여 콘텐츠의 품질을 높이고, 지속 가능한 운영을 도모한다.

- 예시) 지역 예술가 단체와 협력하여 거리 미술 축제를 개최하거나, 환경 단체와 연계하여 자연보호 캠페인을 콘텐츠로 구성할 수 있다. 이러한 협력은 콘텐츠의 다양성을 높이고, 지역사회의 관심을 끌 수 있다.

3. 기술과 창의력의 접목

현대 기술과 창의력을 접목하여 지역 특색을 살린 로컬 콘텐츠를 더욱 매력적으로 만들 수 있다. 디지털 기술을 활용한 콘텐츠는 방문객에게 새로운 경험을 제공하고, 지역의 매력을 효과적으로 전달할 수 있다.

디지털 기술 활용

VR, AR 등 최신 기술을 활용하여 지역의 특색을 살린 콘텐츠를 개발한다. 이러한 기술은 방문객에게 새로운 경험을 제공하고, 지역의 매력을 더욱 생생하게 전달할 수 있다.

- 예시) 지역의 역사적 명소를 VR로 체험할 수 있는 프로그램을 개발하거나, AR을 이용한 지역 투어 가이드를 제공할 수 있다. 이러한 콘텐츠는 방문객에게 신선한 경험을 제공하고, 지역의 이미지를 높일 수 있다.

창의적 아이디어 적용

창의적인 아이디어를 적용하여 독특한 로컬 콘텐츠를 개발한다. 기존의 틀을 벗어난 새로운 접근은 방문객의 호기심을 자극하고, 지역의 매력을 극대화할 수 있다.

- 예시) 지역 특색을 반영한 이색적인 숙박 시설이나 테마 카페를 운영하거나, 지역 자원을 활용한 독특한 체험 프로그램을 기획할 수 있다. 예를 들어, 지역의 전통 공예를 현대적으로 재해석한 체험 워크숍을 운영하여 방문객의 흥미를 유발할 수 있다.

지역 특색을 살린 로컬 콘텐츠 창출은 상권 활성화와 지역경제 발전에 중요한 역할을 한다. 이를 위해 지역 자원을 발굴하고 활용하며, 지역 커뮤니티와의 협력을 통해 콘텐츠를 기획하고 실행해야 한다. 또한, 현대 기술과 창의력을 접목하여 더욱 매력적이고 독특한 콘텐츠를 개발할 수 있다. 성공적인 사례를 통해 로컬 콘텐츠의 중요성과 효과를 이해하고, 이를 바탕으로 지속 가능한 지역 발전을 도모할 수 있다. 지역 특색을 살린 로컬 콘텐츠는 지역의 정체성을 강화하고, 방문객에게 특별한 경험을 제공하는 중요한 요소다.

로컬리티를 담은 로컬음식과
먹거리 개발

로컬상권 활성화의 중요한 요소 중 하나는 지역의 특색을 살린 로컬 음식과 먹거리를 개발하는 것이다. 이는 단순한 먹거리 이상의 의미를 가지며, 지역의 정체성을 표현하고 방문객들에게 잊지 못할 경험을 제공하는 데 기여한다. 로컬리티와 대중성을 결합하고, 스토리텔링을 연계한 로컬음식 개발은 상권 활성화의 핵심 전략으로 떠오르고 있다. 이번 장에서는 로컬리티를 담은 로컬음식 및 먹거리 개발의 중요성과 이를 실현하기 위한 구체적인 방법, 그리고 성공 사례를 살펴본다.

1. 로컬리티와 대중성의 결합

로컬리티를 담은 음식은 그 지역의 자연환경, 문화, 역사 등을 반영하여 지역만의 독특한 맛과 향을 제공한다. 이는 방문객들에게 그 지역에 대한 깊은 인상을 심어주며, 재방문을 유도할 수 있다. 그러나 로컬리티를 강조한 음식이 지나치게 특이하거나 대중의 입맛에 맞지 않으면 오히려 외면받을 수 있다. 따라서 로컬리티와 대중성을 결합하는 것이 중요하다. 이를 위해 지역의 전통적인 재료와 조리법을 현대적인 감

각으로 재해석하거나, 지역특산물을 활용한 대중적인 메뉴를 개발할
수 있다.

2. 스토리텔링의 연계

로컬음식의 매력을 극대화하기 위해서는 스토리텔링을 연계하는 것
이 효과적이다. 음식에 얽힌 이야기나 역사를 함께 소개하면 방문객들
은 단순히 음식을 소비하는 것이 아니라, 그 지역의 문화를 체험하고
공감하게 된다. 예를 들어, 특정 음식이 탄생하게 된 배경이나, 그 음식
에 얽힌 전설, 지역 주민들의 일상 속에서 그 음식이 차지하는 역할 등
을 이야기로 풀어내는 것이다. 이러한 스토리텔링은 방문객들에게 강
한 인상을 남기고, 음식에 대한 애착을 불러일으킬 수 있다.

3. 로컬리티를 담은 로컬음식 개발을 위한 방법

│ 지역특산물 조사 및 발굴

지역의 특산물이나 전통적인 재료를 조사하고, 이를 활용할 수 있는
방법을 모색한다. 현지 농부나 어부, 식품업체 등과 협력하여 신선하고
질 좋은 재료를 확보한다.

│ 현대적 감각의 메뉴 개발

전통적인 조리법을 현대적인 감각으로 재해석하거나, 대중적인 입맛
에 맞는 새로운 메뉴를 개발한다. 이를 위해 전문 셰프나 요리 전문가

와 협력하는 것도 좋은 방법이다.

| 스토리텔링 요소 추가

각 메뉴에 얽힌 이야기를 발굴하고, 이를 방문객들에게 효과적으로 전달할 방법을 고민한다. 메뉴판, 포스터, SNS 등을 활용하여 스토리텔링을 강화한다.

| 지역 주민과의 협력

지역 주민들과 협력하여 메뉴 개발과 홍보를 진행한다. 주민들이 자발적으로 참여하고, 자신들의 이야기를 공유하게 함으로써, 방문객들에게 진정성 있는 경험을 제공할 수 있다.

| 홍보 및 마케팅 전략 수립

개발된 메뉴를 효과적으로 홍보하기 위한 마케팅 전략을 수립한다. 온라인과 오프라인을 넘나드는 다양한 채널을 활용하여, 메뉴의 매력을 널리 알린다.

4. 로컬리티를 담은 로컬음식 개발의 효과

로컬리티를 담은 먹거리 개발은 상권 활성화에 다양한 긍정적인 효과를 가져올 수 있다. 첫째, 지역의 특색을 살린 메뉴는 방문객들에게 그 지역만의 독특한 경험을 제공하여 재방문을 유도한다. 둘째, 지역 특산물의 소비를 촉진하여 지역경제에 기여한다. 셋째, 스토리텔링을 통해 지역의 문화와 역사를 방문객들에게 알리고, 지역 주민들의 자긍심을 높인다. 넷째, 지역 축제나 이벤트와 연계하여 상권의 매출 증대를 도모할 수 있다.

로컬리티를 담은 로컬음식 및 먹거리 개발은 상권 활성화의 중요한 전략 중 하나이다. 지역의 특색을 살리면서도 대중성을 고려한 메뉴 개발과 스토리텔링을 연계하여 방문객들에게 잊지 못할 경험을 제공하는 것이 중요하다. 예산시장 프로젝트나 지역축제에서의 특화 먹거리 개발 사례에서 볼 수 있듯이, 이러한 접근은 상권의 매출 증대와 지역경제 활성화에 큰 기여를 할 수 있다. 또한, 지역 상인들이 협력하여 로컬 음식을 개발함으로써 상권 내 협동심이 강화되고, 상권의 통합적인 이미지가 구축된다. 이는 상권 전체의 브랜드 가치를 높이며, 방문객들에게 일관된 긍정적 인상을 심어줄 수 있다. 로컬리티를 담은 먹거리 개발은 지속 가능성을 높이며, 지역 주민과 방문객 모두에게 즐거움을 제공하고, 지역 상권을 더 활기차게 만든다.

특히, 로컬 음식을 통해 형성된 특별한 경험은 소셜 미디어를 통해 자연스럽게 홍보되며, 바이럴 마케팅 효과를 가져올 수 있다. 이는 더 많은 방문객을 유치하여 상권의 활기를 더할 것이다. 지역 주민들은 이러한 변화에 자부심을 느끼고, 더 적극적으로 지역 상권을 지원하게 된다. 로컬리티를 담은 먹거리 개발은 단순한 음식 판매를 넘어, 지역 사회와 경제에 긍정적인 영향을 미치는 중요한 전략으로 자리 잡고 있다.

로컬 크리에이터 육성과 활성화

로컬 콘텐츠 창출과 지역경제 활성화의 핵심 요소 중 하나는 바로 로컬 크리에이터의 육성과 활성화다. 로컬 크리에이터는 지역의 고유한 특색을 살려 창의적인 콘텐츠를 생산하고, 이를 통해 지역 상권의 매력을 극대화하는 역할을 한다. 이번 장에서는 로컬 크리에이터를 효과적으로 육성하고 활성화하는 방법을 제시해 본다.

1. 로컬 크리에이터의 중요성

로컬 크리에이터는 지역 문화와 경제에 중요한 영향을 미친다. 그들은 지역의 이야기를 담은 콘텐츠를 창출하고, 이를 통해 방문객과 지역 주민에게 독특한 경험을 제공한다. 로컬 크리에이터의 성공적인 활동은 지역 브랜드의 가치를 높이고, 상권의 지속 가능한 성장을 이끌어낸다.

지역 정체성 강화

로컬 크리에이터는 지역의 특색을 담은 콘텐츠를 제작함으로써 지역 정체성을 강화한다. 이를 통해 방문객에게 차별화된 경험을 제공하고, 지역 브랜드 이미지를 구축한다.

경제적 기여

로컬 크리에이터의 활동은 지역경제에 직접적인 기여를 한다. 그들이 생산하는 콘텐츠와 상품은 지역 내에서 소비되고, 이를 통해 지역경제가 활성화된다.

커뮤니티 활성화

로컬 크리에이터는 지역 커뮤니티와의 긴밀한 협력을 통해 상호작용을 촉진한다. 이는 지역 주민의 참여를 유도하고, 커뮤니티의 결속력을 강화하는 데 도움을 준다.

2. 로컬 크리에이터 육성 전략

로컬 크리에이터를 육성하기 위해서는 체계적이고 종합적인 접근이 필요하다. 교육, 지원, 네트워크 구축 등의 전략을 통해 로컬 크리에이터가 성장할 수 있는 환경을 조성해야 한다.

교육 프로그램 제공

로컬 크리에이터의 역량 강화를 위해 다양한 교육 프로그램을 제공한다. 콘텐츠 제작, 마케팅, 브랜딩 등의 전문 지식을 습득할 기회를 마련한다.

- 예시) 지역 대학이나 전문기관과 협력하여 로컬 크리에이터를 위한 정기적인 워크숍과 세미나를 개최한다. 이를 통해 최신 기술과 트렌드를 배우고, 실무 능력을 향상시킬 수 있다.

│ 재정적 지원

로컬 크리에이터의 초기 활동을 지원하기 위해 재정적 지원을 제공한다. 창업 지원금, 장학금, 프로젝트 펀딩 등을 통해 그들이 안정적으로 활동할 수 있도록 돕는다.

- 예시) 지자체나 민간 기업과 협력하여 로컬 크리에이터를 위한 창업 지원 프로그램을 운영한다. 우수한 아이디어와 프로젝트를 선정하여 초기 자금을 지원하고, 사업화할 기회를 제공한다.

│ 네트워크 구축

로컬 크리에이터 간의 네트워크를 구축하여 상호 협력과 정보 교류를 촉진한다. 이를 통해 공동 프로젝트를 추진하고, 더 큰 시너지를 창출할 수 있다.

- 예시) 로컬 크리에이터를 위한 온라인 플랫폼을 운영하여, 그들이 자신의 작품과 아이디어를 공유하고 협력할 수 있는 공간을 제공한다. 정기적인 네트워킹 이벤트를 개최하여, 다양한 분야의 크리에이터가 교류하는 기회를 마련한다.

3. 로컬 크리에이터 활성화 방안

로컬 크리에이터를 활성화하기 위해서는 지속적인 지원과 다양한 기회를 제공하는 것이 중요하다. 이를 통해 로컬 크리에이터가 자신의 역량을 발휘하고, 지역사회에 기여할 수 있도록 돕는다.

공공 프로젝트 참여

로컬 크리에이터가 공공 프로젝트에 참여할 기회를 제공한다. 이를 통해 그들의 활동 범위를 넓히고, 지역사회에 직접적인 영향을 미칠 수 있다.

- 예시) 지자체에서 추진하는 지역 개발 프로젝트나 축제, 행사에 로컬 크리에이터를 적극적으로 참여시킨다. 이를 통해 그들의 창의적인 아이디어와 능력을 활용할 수 있다.

홍보 및 마케팅 지원

로컬 크리에이터의 활동을 홍보하고, 그들의 작품을 효과적으로 마케팅할 수 있도록 지원한다. 이를 통해 더 많은 사람들이 로컬 크리에이터의 작품을 접하고, 소비할 수 있게 한다.

- 예시) 지자체나 지역 상인회에서 로컬 크리에이터의 작품을 소개하는 전시회나 팝업 스토어를 운영한다. 온라인 플랫폼과 소셜 미디어를 통해 그들의 활동을 홍보하고, 소비자와의 접점을 확대한다.

상생협력 모델 구축

로컬 크리에이터와 지역 상권, 기업 간의 상생협력 모델을 구축하여 지속 가능한 발전을 도모한다. 이를 통해 상호 간의 이익을 극대화하고, 지역경제를 활성화한다.

- 예시) 지역 상점과 로컬 크리에이터가 협력하여 공동 브랜드 제품을 개발하고 판매한다. 이를 통해 로컬 크리에이터는 안정적인 판로를 확보하고, 상점은 차별화된 상품을 제공할 수 있다.

4. 활성화 사례

성공적인 로컬 크리에이터 육성과 활성화 사례를 통해 그 중요성과 효과를 확인할 수 있다. 일본의 '세토우치 국제 예술제'는 지역 예술가와 로컬 크리에이터를 내세운 성공적인 사례다. 이 예술제는 세토우치 지역의 섬들을 무대로 하여, 지역 예술가들이 자신의 작품을 전시하고, 방문객에게 독특한 예술 경험을 제공한다. 이러한 활동은 지역 예술가의 성장을 촉진하고, 세토우치 지역의 관광 활성화에 크게 기여했다.

또한, 미국의 '포틀랜드 메이커스 페어'는 로컬 크리에이터의 육성과 활성화에 성공한 사례다. 이 페어는 지역의 다양한 크리에이터들이 자신의 작품을 소개하고, 방문객과 직접 소통하는 기회를 제공한다. 이를 통해 로컬 크리에이터는 자신의 브랜드를 알리고, 새로운 비즈니스 기회를 창출할 수 있었다.

로컬 크리에이터의 육성과 활성화는 로컬 콘텐츠 창출과 지역경제 활성화의 핵심 요소다. 교육 프로그램 제공, 재정적 지원, 네트워크 구축 등의 전략을 통해 로컬 크리에이터가 성장할 수 있는 환경을 조성해야 한다. 또한, 공공 프로젝트 참여, 홍보 및 마케팅 지원, 상생 모델 구축 등을 통해 로컬 크리에이터의 활동을 지속적으로 지원하고 활성화해야 한다. 성공 사례를 통해 그 중요성과 효과를 이해하고, 이를 바탕으로 지역사회의 지속 가능한 발전을 도모할 수 있다. 로컬 크리에이터의 육성과 활성화는 지역의 정체성을 강화하고, 독특한 경험을 제공하는 중요한 요소다.

민간 주도의 로컬상권
거버넌스 구축

　로컬 콘텐츠 창출과 상권 활성화의 지속 가능한 발전을 위해서는 효과적인 거버넌스 체계를 구축하는 것이 필수적이다. 특히, 민간 주도의 거버넌스는 지역 특성과 주민의 니즈를 보다 정확하게 반영할 수 있어 그 중요성이 크다. 이번 장에서는 민간 주도의 로컬상권 거버넌스를 구축하는 방법과 그 중요성에 대해 살펴본다.

1. 민간 주도 거버넌스의 필요성

　민간 주도의 거버넌스는 상권 활성화의 효과를 극대화하고, 지역사회의 자율적이고 지속 가능한 발전을 도모하는 데 중요하다. 민간 주도의 거버넌스가 필요한 이유는 다음과 같다.

지역 특성 반영

　민간 주도의 거버넌스는 지역 주민과 상인이 주체가 되어 지역의 특성을 잘 반영한 정책과 프로그램을 수립할 수 있다.

- 민첩한 대응: 민간의 유연성과 창의성을 활용하여 변화하는 시장 환경과 소비자 요구에 빠르게 대응할 수 있다.

자원 활용의 효율성

민간 주도의 거버넌스는 지역 내 자원을 효율적으로 활용하여 상권 활성화의 효과를 극대화할 수 있다.

책임감과 참여도

민간 주도 거버넌스는 지역 주민과 상인의 책임감을 높이고, 이들의 적극적인 참여를 유도할 수 있다.

2. 거버넌스 구조의 설계

민간 주도 로컬상권 거버넌스를 효과적으로 구축하기 위해서는 명확한 구조와 역할 분담이 필요하다. 다음은 거버넌스 구조를 설계하는 주요 요소들이다.

조직 구성

거버넌스 조직을 구성할 때, 다양한 이해관계자가 참여할 수 있도록 한다. 지역 주민, 상인, 전문가, 지자체 대표 등이 포함된 협의체를 구성한다. 지역상권법의 자율상권활성화사업은 자율상권조합을 설립하여 사업을 실행하도록 하고 있다.

- 예시) 상권 활성화를 위한 '로컬상권 발전 협의회'를 구성하여 정기적인 회의를 통해 상권 활성화 방안을 논의하고, 실행 계획을 수립한다.

역할 분담

각 참여자의 역할과 책임을 명확히 정의한다. 이를 통해 효율적인 운영과 의사결정을 도모할 수 있다.

- 예시) 지역 상인은 상권 내 이벤트와 프로그램 운영을 담당하고, 지자체는 행정적 지원과 재정적 지원을 제공하며, 전문가들은 컨설팅과 교육을 담당하는 구조를 만든다.

의사결정 과정

투명하고 공정한 의사결정 과정을 마련한다. 참여자 간의 의견을 수렴하고, 합의를 통해 결정을 내리는 시스템을 구축한다.

- 예시) 주요 의사결정 시 공개회의를 통해 참여자들의 의견을 듣고, 투표를 통해 결정을 내리는 방식을 채택한다.

3. 민간 주도 거버넌스의 실행 전략

민간 주도 로컬상권 거버넌스를 성공적으로 실행하기 위해서는 다음과 같은 전략이 필요하다.

파트너십 구축

민간과 공공의 파트너십을 구축하여 상호 협력할 수 있는 기반을 마련한다. 이를 통해 상권 활성화의 시너지를 창출한다.

- 예시) 지역 상인회와 지자체가 공동으로 주관하는 상권 활성화 프로젝트를 추진하여, 각자의 강점을 살려 협력한다.

지속적인 교육과 지원

거버넌스 참여자들의 역량 강화를 위해 지속적인 교육과 지원을 제공한다. 이를 통해 참여자들이 효과적으로 역할을 수행할 수 있도록 한다.

- 예시) 상권 활성화 관련 세미나, 워크숍, 교육 프로그램을 정기적으로 개최하여, 최신 트렌드와 기술을 공유하고 역량을 강화한다.

투명한 운영과 평가

거버넌스의 운영 과정을 투명하게 공개하고, 정기적인 평가를 통해 개선점을 도출한다. 이를 통해 신뢰를 구축하고 지속 가능한 발전을 도모한다.

- 예시) 거버넌스 운영 현황과 성과를 정기적으로 공개하고, 외부 전문가의 평가를 받아 개선 방안을 마련한다.

커뮤니티 참여 활성화

지역 주민과 상인의 적극적인 참여를 유도하기 위한 다양한 프로그램과 이벤트를 기획한다. 이를 통해 커뮤니티의 결속력을 강화하고, 상권 활성화에 대한 관심을 높인다.

- 예시) 지역 축제, 마을 회의, 상인 간담회 등을 통해 주민과 상인의 참여를 유도하고, 상권 활성화에 대한 아이디어를 공유한다.

민간 주도의 로컬상권 거버넌스 구축은 상권 활성화와 지역경제 발전에 중요한 역할을 한다. 민간 주도의 거버넌스는 지역 특성을 반영하고, 변화하는 시장 환경에 유연하게 대응할 수 있는 장점을 가지고 있다. 이를 위해 조직 구성, 역할 분담, 의사결정 과정 등을 명확히 하고, 파트너십 구축, 지속적인 교육과 지원, 투명한 운영과 평가, 커뮤니티 참여 활성화 등의 전략을 실행해야 한다. 민간 주도의 거버넌스는 지역 주민과 상인의 적극적인 참여와 협력을 통해 상권의 매력과 경쟁력을 높이는 중요한 요소다.

11

정부와 지자체 상권 활성화 지원 활용

정부와 지자체의 상권 활성화 지원

　정부와 지자체는 상권 활성화를 위해 다양한 지원을 제공하고 있다. 이러한 지원은 소상공인의 경영환경을 개선하고, 지역경제를 활성화하는 데 중요한 역할을 한다. 이번 장에서는 정부와 지자체의 상권 활성화 지원의 흐름과 주요 내용을 살펴보겠다.

1. 상권 활성화 지원의 배경

　상권 활성화 지원은 정부와 지자체가 소상공인과 지역 상권을 보호하고 육성하기 위해 마련한 정책적 노력의 일환이다. 이는 유통 시장의 변화와 디지털 전환에 대응하여 전통적인 상권이 경쟁력을 유지하고 발전할 수 있도록 돕기 위한 것이다. 다음과 같은 배경에서 상권 활성화 지원이 시작되었다.

유통시장의 변화

　대형마트와 온라인 쇼핑의 성장으로 전통시장과 상점가 상권이 침체하는 문제를 해결하기 위해 상권 활성화 지원이 필요했다.

전통시장과 소상공인의 보호와 육성

전통시장과 소상공인은 지역경제의 중요한 구성원으로, 이들의 경영환경을 개선하고 경쟁력을 강화하기 위해 정부와 지자체의 지원이 필요하다.

지역경제 활성화

지역 상권의 활성화는 지역경제 전체의 발전에 기여하며, 지역 주민의 삶의 질을 높이는 데 중요한 역할을 한다.

2. 정부의 상권 활성화 지원 흐름과 체계

정부의 상권 활성화 지원은 '전통시장 및 상점가 육성을 위한 특별법' 제정을 통해 본격적으로 시작되었다. 이후 다양한 법률과 정책이 도입되어 상권 활성화 지원의 체계를 마련했다. 주요 지원 흐름은 다음과 같다.

법률 제정과 시행

2004년 '재래시장법'이 제정되고, 2006년 '전통시장 및 상점가 육성을 위한 특별법'이 시행되었다.
2022년에는 '지역상권 상생 및 활성화에 관한 법률'이 제정되어 상권 활성화의 법적 기반을 강화했다.

지원 사업의 확장

상권 르네상스 사업 등 다양한 상권 활성화 지원 사업이 도입되었다. 2018년부터 2022년까지 32개 상권이 이 사업을 통해 지원받았다.

전통시장에서 시작된 지원이 원도심 상권과 골목형 상점가로 확대되었다.

【정부의 상권 활성화 지원 체계】

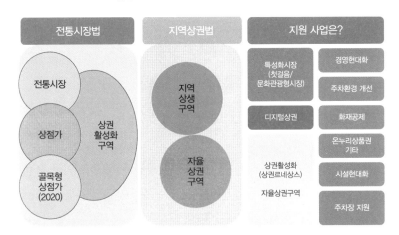

디지털 전환 지원

최근에는 디지털 상권 활성화 지원도 포함되어, 전통시장 및 상점가 상권이 디지털 기술을 활용하여 경쟁력을 강화할 수 있도록 지원하고 있다.

중소벤처기업부의 지역 상권 활성화 연계 사업

중소벤처기업부는 동네상권발전소, 로컬콘텐츠 창출팀 사업 등을 통해 지역 상권의 연계와 활성화를 지원하고 있다.

로컬 크리에이터 육성과 로컬브랜드 창출을 통해 상권의 독창성과 매력을 높이는 데 주력하고 있다.

3. 지자체의 상권 활성화 지원

지자체는 지역 특성에 맞춘 상권 활성화 지원을 통해 지역경제를 발전시키고 있다. 주요 지자체의 상권 활성화 지원 내용은 다음과 같다.

│ 서울시의 로컬브랜드 상권 육성

서울시는 2022년부터 로컬브랜드 상권 육성을 본격 추진하고 있다. 이를 통해 유무형의 지역 자원을 활용하여 특색 있는 상권을 형성하고, 최대 30억 원의 규모로 상권을 지원하고 있다. 주요 지원 상권으로는 중구 장충단길, 마포구 합마르뜨, 영등포구 선유로운 상권 등이 있다.

│ 지자체와 민간의 협력

지자체는 민간과 협력하여 상권 활성화 사업을 추진하고 있다. 예를 들어, 서울 중구는 민관협력 상권관리 전문기구인 '전통시장 상권발전소'를 출범시켜 상권 활성화에 적극 대응하고 있다.

정부와 지자체의 상권 활성화 지원은 소상공인 보호와 지역경제 활성화를 위한 중요한 정책적 노력이다. 지자체는 지역 특성에 맞춘 상권 활성화 사업을 통해 지역경제를 발전시키고 있으며, 민간과의 협력을 통해 상권의 지속 가능한 발전을 도모하고 있다. 이러한 노력은 궁극적으로 소상공인의 경영환경을 개선하고, 지역 주민의 삶의 질을 높이는 데 기여하고 있다.

상권 활성화 지원사업의 효과적인 활용

정부와 지자체가 제공하는 상권 활성화 지원사업은 소상공인의 경영환경을 개선하고, 지역경제를 활성화하는 데 중요한 역할을 한다. 이러한 지원사업을 효과적으로 활용하기 위해서는 체계적인 계획과 실행이 필요하다. 이번 장에서는 상권 활성화 지원사업의 효과적인 활용 방법에 대해 자세히 살펴본다.

1. 지원사업의 이해와 접근

지원사업을 효과적으로 활용하기 위해서는 먼저 지원사업의 목적과 내용을 정확히 이해해야 한다. 정부와 지자체는 다양한 형태의 지원사업을 통해 상권 활성화를 도모하고 있으며, 이를 통해 소상공인과 지역 상권이 직면한 다양한 문제를 해결할 수 있다.

1) 지원사업의 유형

경영 현대화 지원

소상공인의 경영 능력을 강화하고, 경영환경을 개선하기 위한 시장경영패키지 등을 통해 공동마케팅, 교육 및 컨설팅을 제공한다.

온누리상품권 지원

전통시장과 상점가에서 사용할 수 있는 온누리상품권을 통해 소비를 촉진하고, 상권 활성화를 도모한다.

시설환경 및 주차환경 개선

상권 내부 시설환경의 개선 및 주변의 주차시설 설치와 개선으로 방문객의 편의를 높인다.

디지털 전환 지원

전통 상권이 디지털 기술을 활용하여 경쟁력을 강화할 수 있도록 지원한다.

2) 지원사업 접근 방법

정보 수집

각종 지원사업에 대한 정보를 수집하고, 상권의 특성과 필요에 맞는 지원사업을 선택한다. 정부와 지자체의 공식 웹사이트, 상인회, 협회 등을 통해 최신 정보를 얻을 수 있다.

신청 절차 이해

지원사업의 신청 절차와 요건을 명확히 이해하고, 필요한 서류와 자료를 준비한다. 신청 과정에서 자주 발생하는 문제와 해결 방법을 사전에 파악해 두면 도움이 된다.

적극적인 문의와 상담

지원사업 담당 부서나 관련 기관에 문의하여 구체적인 내용을 확인하고, 필요한 지원을 받을 수 있도록 한다. 상담을 통해 신청 절차와 요건에 대한 이해도를 높일 수 있다.

2. 체계적인 계획 수립

지원사업을 효과적으로 활용하려면 체계적인 계획을 수립해야 한다. 계획 수립 단계에서 중요한 사항은 다음과 같다.

1) 상권 분석과 목표 설정

상권 분석

상권의 현황을 정확히 파악하고, 강점과 약점을 분석한다. 이를 통해 지원사업의 필요성과 기대 효과를 명확히 한다.

목표 설정

상권 활성화를 위한 구체적인 목표를 설정한다. 목표는 SMART 원칙에 따라 구체적이고 측정 가능하며, 달성 가능하고 관련성이 있으며, 시간제한이 있어야 한다.

2) 지원사업 연계 계획

| 사업 간 연계

여러 지원사업을 연계하여 종합적인 상권 활성화 전략을 수립한다. 예를 들어, 경영 현대화 지원과 디지털 전환 지원을 결합하여 소상공인의 경영 능력과 디지털 경쟁력을 동시에 강화할 수 있다.

| 단계별 실행 계획

지원사업을 단계별로 실행할 계획을 수립한다. 단기, 중기, 장기 목표를 설정하고, 단계별로 필요한 자원과 활동을 계획한다.

3. 실행과 관리

계획 수립 후에는 실행과 관리가 중요하다. 지원사업을 성공적으로 실행하기 위해서는 다음과 같은 전략이 필요하다.

1) 효율적인 자원 관리

| 인적 자원

상권 활성화 프로젝트를 효과적으로 실행하기 위해서는 유능한 인력이 필요하다. 상권 내 소상공인, 지역 주민, 전문가 등을 적극적으로 참여시켜 협력 체계를 구축한다.

재정 자원

지원받은 재정 자원을 효율적으로 관리하고, 투명하게 사용한다. 예산 사용내역을 정기적으로 점검하고, 필요한 경우 추가 지원을 요청한다.

2) 지속적인 모니터링과 평가

모니터링

지원사업의 진행 상황을 지속적으로 모니터링하여 문제점을 파악하고, 신속하게 대응한다. 정기적인 보고서를 작성하고, 주요 지표를 통해 성과를 측정한다.

평가

지원사업 종료 후에는 성과를 평가하고, 개선점을 도출한다. 평가 결과를 바탕으로 다음 단계의 계획을 수립하고, 지속적인 발전을 도모한다.

정부와 지자체의 상권 활성화 지원사업은 소상공인과 지역 상권의 발전을 도모하는 중요한 도구다. 이를 효과적으로 활용하기 위해서는 지원사업의 목적과 내용을 정확히 이해하고, 체계적인 계획을 수립하며, 효율적으로 실행하고 관리하는 것이 필요하다. 성공 사례를 통해 배운 교훈을 바탕으로, 지원사업을 통해 상권의 경쟁력을 강화하고, 지속 가능한 발전을 도모할 수 있다. 이러한 노력을 통해 소상공인의 경영환경을 개선하고, 지역 주민의 삶의 질을 높이는 데 기여할 수 있다.

지자체와의 전략적인 협력체계 구축

지자체와의 전략적인 협력체계 구축은 상권 활성화의 성공을 위한 필수 요소다. 지자체는 지역경제와 주민의 삶의 질을 직접적으로 관장하는 기관으로서, 지역 상권의 활성화를 위해 중요한 역할을 한다. 이번 장에서는 지자체와의 협력체계를 효과적으로 구축하는 방법에 대해 살펴본다.

1. 지자체의 역할과 중요성

지자체는 지역 상권 활성화의 주체로서 여러 가지 역할을 수행한다. 지자체의 주요 역할과 그 중요성은 다음과 같다.

정책 수립과 지원

지자체는 지역 상권 활성화를 위한 정책을 수립하고, 이를 효과적으로 실행하기 위한 재정적, 행정적 지원을 제공한다.

예를 들어, 주차 환경 개선, 공공 인프라 확충, 홍보 및 마케팅 지원 등을 통해 상권 활성화를 도모한다.

조정과 중재

상인, 주민, 개발업자 등 다양한 이해관계자 간의 갈등을 조정하고 중재하는 역할을 한다. 이는 상권 활성화 과정에서 발생할 수 있는 문제를 해결하는 데 중요하다.

지자체는 상권 활성화 협의체를 구성하여, 정기적인 회의를 통해 갈등을 조정하고 상호 협력할 방안을 모색한다.

공공사업 추진

지자체는 공공사업을 통해 상권의 물리적 환경을 개선하고, 상권의 매력을 높인다. 이는 상권 활성화의 기초를 다지는 중요한 역할이다.

예를 들어, 도로 정비, 가로등 설치, 공원 조성 등은 상권의 환경을 개선하고 방문객의 편의를 높인다.

2. 전략적인 협력체계 구축 방안

지자체와의 효과적인 협력체계를 구축하기 위해서는 다음과 같은 전략이 필요하다.

협력 네트워크 구축

상권 활성화를 위해 지자체와 상인회, 주민, 전문가 등이 참여하는 협력 네트워크를 구축한다. 이를 통해 상호 협력과 정보 공유를 촉진한다.

- 예시) '지역상권 발전 협의회'를 구성하여 정기적인 회의를 통해 상권 활성

화 방안을 논의하고, 실행 계획을 수립한다.

역할 분담과 책임 명확화

각 참여자의 역할과 책임을 명확히 정의하여 효율적인 협력을 도모한다. 이를 통해 협력체계 내에서의 혼란을 최소화하고, 목표 달성에 집중할 수 있다.

- 예시) 상인회는 상권 내 이벤트와 프로그램 운영을 담당하고, 지자체는 행정적 지원과 재정적 지원을 제공하며, 전문가들은 컨설팅과 교육을 담당하는 구조를 만든다.

지속적인 소통과 피드백

지자체와의 지속적인 소통을 통해 상권 활성화의 진행 상황을 공유하고, 문제점을 신속히 해결한다. 정기적인 피드백을 통해 협력체계를 개선하고, 효과적인 운영을 도모한다.

- 예시) 상권 활성화 프로젝트의 진행 상황을 정기적으로 보고하고, 지자체와 협의하여 필요한 지원과 조치를 한다.

공동 목표 설정

지자체와 상인, 주민 등이 공감할 수 있는 공동 목표를 설정하여 협력체계의 방향성을 명확히 한다. 이를 통해 모든 참여자가 동일한 목표를 향해 협력할 수 있다.

- 예시) '지역경제 활성화'와 '주민 삶의 질 향상'을 공동 목표로 설정하고, 이를 달성하기 위한 구체적인 실행 계획을 수립한다.

일본의 TMO(Town Management Organization)는 지역 상권의 활성화를 위해 지자체와 민간이 협력하여 운영하는 조직이다. TMO는 상권의 물리적 환경 개선, 이벤트 기획, 마케팅 지원 등을 통해 상권의 매력을 높이고 있다.

지자체와의 전략적인 협력체계 구축은 상권 활성화의 성공을 위한 필수적인 요소다. 지자체는 정책 수립과 지원, 조정과 중재, 공공사업 추진 등 다양한 역할을 수행하며, 이를 통해 상권의 경쟁력을 강화하고 지역경제를 활성화한다. 효과적인 협력체계를 구축하기 위해서는 협력 네트워크 구축, 역할 분담과 책임 명확화, 지속적인 소통과 피드백, 공동 목표 설정 등의 전략이 필요하다. 지자체와의 협력을 통해 상권 활성화의 목표를 달성하고, 지역 주민의 삶의 질을 향상시킬 수 있다. 이러한 노력을 통해 상권의 지속 가능한 발전을 도모할 수 있다.

상권 활성화 재원 조달 방법

상권 활성화를 위한 재원 조달은 매우 중요한 과정이다. 재원 조달을 효과적으로 수행해야만 상권 활성화 계획을 성공적으로 실행할 수 있다. 이번 장에서는 상권 활성화를 위한 다양한 재원 조달 방법을 살펴본다.

1. 정부 및 지자체 지원

정부와 지자체는 상권 활성화를 위해 다양한 재정적 지원을 제공한다. 이는 상권 활성화의 주요 재원 중 하나로, 각종 사업을 안정적으로 추진할 수 있도록 돕는다.

상권 활성화 사업

정부는 기존 상권 르네상스 사업을 통해 상권 활성화를 지원하고 있다. 이 사업은 5개년 동안 32개 상권을 대상으로 진행되었으며, '24년부터는 지역상권법에 의한 자율상권구역 지정과 상권활성화사업을 추진하고 있다. 이를 통해 상권의 물리적 환경 개선, 마케팅 지원, 문화콘텐츠 개발 등이 이루어진다.

특성화시장 지원

정부는 특화시장(첫걸음 기반 조성, 문화관광형 시장 등)을 대상으로 한 지원사업도 운영하고 있다. 이러한 지원은 시장의 경쟁력을 높이고, 방문객 유치를 도모하는 데 큰 도움이 된다.

예를 들어, 특화환경 개선, 특화상품 개발 및 경험 제공을 위한 다양한 특화사업을 추진할 수 있다.

디지털 전환 지원

디지털 전환은 상권 활성화의 중요한 요소로, 정부는 이를 위해 다양한 지원을 제공하고 있다. 온라인 마케팅, 전자상거래 플랫폼 구축, 디지털 콘텐츠 개발 등이 주요 지원 내용이다.

시설현대화와 주차환경 개선

전통시장 및 상점가의 고객편의성 제고와 특화 인프라 구축을 위한 시설현대화, 주차장 설치, 주차환경 개선사업을 지원하고 있다.

경영현대화

전통시장과 상점가의 경쟁력 제고와 상인역량 강화 등을 위하여 시장경영패키지, 화제공제, 온누리상품권 등의 사업을 지원하고 있다.

2. 민간자본 유치

민간자본을 유치하는 것도 중요한 재원 조달 방법 중 하나다. 민간자본은 정부 지원과 달리 더 유연하고 다양한 형태로 조달할 수 있지만, 그동안 민간자본의 투입에 대한 거부감, 젠트리피케이션 유발 문제, 투자자본의 EXIT 문제 등으로 현실적으로는 쉽지 않은 상황이었다.

최근 정부는 자율적이고 민간주도의 상권 활성화를 위하여 '23년 말 지역상권 활성화 종합계획'을 수립 발표하면서 민간자본의 지역상권 유입을 위한 여러 대안을 발표한 바 있다.

투자 펀드

민간 투자 펀드를 통해 상권 활성화 프로젝트에 필요한 자금을 조달할 수 있다. 이를 위해 상권의 매력과 성장 가능성을 적극적으로 홍보하고, 투자자를 유치해야 한다.

- 예시) 지역 상권 발전을 위한 '지역상권발전기금'을 조성하여, 상권 내 소상공인과 상점가의 발전을 지원한다.

공모형 투자

크라우드 펀딩과 같은 공모형 투자를 통해 자금을 모을 수 있다. 이는 상권 활성화 프로젝트에 지역 주민과 소상공인의 참여를 유도하고, 자금 조달의 폭을 넓히는 데 효과적이다.

- 예시) 상권 내 특정 프로젝트(예: 지역 축제, 특화 거리 조성)를 위해 크라우드 펀딩을 진행하여, 필요한 자금을 조달한다.

민간 기업 협력

대기업이나 지역 기업과의 협력을 통해 자금을 유치할 수 있다. 기업은 상권 활성화 프로젝트에 투자함으로써 사회적 책임을 다하고, 지역사회와의 관계를 강화할 수 있다.

- 예시) 지역 상권 활성화를 위해 대형 유통업체와 협력하여, 상권 내 소상공인과 상생하는 프로그램을 운영한다.

3. 자조 활동 및 공동 기금

상권 활성화를 위한 자조 활동과 공동 기금을 조성하는 것도 효과적인 재원 조달 방법이다. 이는 상인과 주민이 자발적으로 참여하여 상권 활성화를 도모할 수 있는 기반을 마련한다.

지역상권발전기금 조성

상인회나 주민들이 자발적으로 기금을 모아 상권 활성화에 사용한다. 이를 통해 소규모 프로젝트를 추진하고, 상권의 문제를 해결할 수 있다. 중소벤처기업부는 지역상권 활성화 종합계획을 통해 '지역상권발전기금' 제도 도입을 천명하고 나섰다.

- 예시) 상인들이 매월 일정 금액을 기금으로 모아, 상권 내 환경 개선이나 마케팅 활동에 활용한다.

협동조합 설립

상인과 주민이 협동조합을 설립하여 상권 활성화 자금을 공동으로 조달하고 관리한다. 협동조합은 상권 활성화를 위한 다양한 사업을 주도적으로 추진할 수 있는 조직이다.

- 예시) 지역상권법에는 자율상권 활성화사업 추진의 주체를 '자율상권조합'을 설립하여, 진행하도록 명시하고 있다.

지역사회 참여

지역 주민과 상인의 참여를 유도하여 상권 활성화를 위한 다양한 자조 활동을 전개한다. 이를 통해 상권 활성화에 대한 지역사회의 관심과 지원을 이끌어낼 수 있다.

- 예시) 지역 주민과 함께하는 '상권 활성화 플리마켓'을 개최하여, 상권 내 소상공인의 제품을 홍보하고 판매하는 기회를 제공한다.

상권 활성화를 위한 재원 조달은 다양한 방법을 통해 이루어질 수 있다. 정부 및 지자체의 지원, 민간 자본 유치, 자조 활동 및 공동 기금 조성 등은 모두 상권 활성화에 필요한 자금을 효과적으로 조달하는 방법이다. 이를 위해 상권의 특성과 필요에 맞는 재원 조달 전략을 수립하고, 적극적으로 실행해야 한다. 성공적인 재원 조달은 상권 활성화 계획의 성공을 보장하며, 지역경제의 발전과 주민의 삶의 질 향상에 기여할 수 있다.

12

사업 운영 관리(프로젝트 관리)

사업 집행을 위한 조달관리

　정부 및 지자체가 지원하는 상권 활성화 사업의 성공적인 집행을 위해서는 효과적인 조달관리가 필수적이다. 조달관리는 필요한 자원을 효율적으로 확보하고, 이를 통해 사업의 원활한 진행을 보장하는 데 중요한 역할을 한다.

1. 과업지시서 및 제안요청서(RFP) 작성

　과업지시서와 제안요청서(RFP)는 조달과정에서 필수적인 문서로, 사업의 요구사항을 명확히 정의하고, 잠재적인 공급업체로부터 적절한 제안을 받을 수 있도록 한다.

┃ 과업지시서 작성

　과업지시서는 사업의 목적, 범위, 요구사항, 일정, 성과 기준 등을 명확히 기술한 문서로 주요 내용은 사업 개요, 과업 범위, 성과 기준, 일정, 기타 요구사항 등을 포함한다.

┆ 제안요청서(RFP) 작성

제안요청서는 잠재적인 공급업체로부터 구체적인 제안을 받기 위해 작성하는 문서로, 과업지시서의 내용을 기반으로 한다.

주요 내용은 개요, 요구사항, 평가기준, 제출서류, 일정 등을 포함하여 작성한다.

3. 나라장터 등 조달관리 시스템 활용

나라장터 등 조달관리 시스템은 공공 조달 업무를 효율적으로 관리할 수 있는 플랫폼이다. 이를 활용하여 조달계약 업무를 수행하면, 투명하고 신속한 절차를 보장할 수 있다.

┆ 조달관리 시스템의 주요 기능

- 공고 등록: 사업 공고를 등록하고, 잠재적인 공급업체에게 알린다.
- 입찰 관리: 입찰 서류 제출, 입찰 과정 모니터링, 입찰 결과 관리 등을 수행한다.
- 계약 관리: 계약 체결, 계약 이행 관리, 계약 종료 절차 등을 관리한다.
- 성과 평가: 사업 성과를 평가하고, 성과보고서를 작성하여 제출할 수 있다.

┆ 조달관리 시스템 활용 절차

- 공고 등록 및 입찰 공고: 과업지시서 및 제안요청서를 기반으로 나

250   상권 활성화 프로젝트 기획 실무

라장터에 입찰 공고를 등록한다.

- **입찰 서류 접수 및 평가**: 입찰 서류를 접수하고, 평가 기준에 따라 서류를 평가한다.
- **계약 체결**: 평가 결과를 바탕으로 적합한 공급업체와 계약을 체결한다.
- **계약 이행 관리**: 계약 이행 과정을 모니터링하고, 필요한 지원을 제공한다.
- **성과 평가 및 보고**: 사업 완료 후 성과를 평가하고, 성과보고서를 작성하여 이해관계자에게 제출한다.

3. 계약대상자 선정을 위한 평가지표 설계

계약대상자를 공정하고 객관적으로 선정하기 위해서는 명확한 평가지표를 설계하는 것이 중요하다. 평가지표는 제안서 평가 시 기준이 되며, 공급업체의 능력과 제안의 타당성을 평가하는 데 사용된다.

4. 조달업체 선정 이후 사업 수행 계획 및 관리

조달업체를 선정한 후에는 선정된 업체와 협력하여 사업을 원활히 수행하고, 성과를 지속적으로 관리하는 것이 중요하다.

창업지원 및 이해관계자 소통관리

상권 활성화를 위해서는 효과적인 창업 지원과 이해관계자 관리가 필수적이다. 창업을 통해 새로운 비즈니스가 상권에 활기를 불어넣고, 이해관계자 간의 협력과 소통을 통해 지속 가능한 발전을 도모할 수 있다.

1. 상권의 향후 활성화 사업 전개 방향에 부합하는 창업 정보 제공

상권의 활성화를 위해서는 창업자들에게 필요한 정보를 제공하는 것이 중요하다. 이를 통해 창업자들이 상권 내에서 성공적으로 비즈니스를 시작하고 운영할 수 있도록 지원한다.

창업 트렌드 분석, 상권 맞춤형 창업 아이디어 제공, 창업 자금 지원 정보, 창업 과정에 필요한 행정, 위생, 인허가 등 법률 사항 파악 및 전달한다.

창업 과정에서 발생하는 다양한 법률 사항을 사전에 파악하고, 창업자들에게 전달하는 것은 중요한 지원 요소이다. 이는 창업자들이 법률적 문제를 최소화하고, 원활하게 사업을 시작할 수 있도록 돕는다.

2. 이해관계자 수요 파악 및 반영

이해관계자들의 수요를 파악하고 이를 사업에 반영하는 것은 상권 활성화의 중요한 요소이다. 이를 통해 이해관계자들의 만족도를 높이고, 상권의 지속 가능한 발전을 도모할 수 있다.

수요 조사 실시

정기적으로 이해관계자들의 수요를 조사하여, 상권 활성화 사업에 반영한다.

수요 반영 계획 수립

수요 조사 결과를 바탕으로 구체적인 실행 계획을 수립하고, 이해관계자들에게 공유한다.

3. 사업 수행을 위한 이해관계자 그룹화 및 회의체 조직

이해관계자들을 그룹화하고, 효과적인 회의체를 조직하여 운영하는 것은 상권 활성화 사업의 성공을 위해 필수적이다. 이를 통해 효율적인 의사결정과 협력을 도모할 수 있다.

4. 이해관계자 간의 갈등 관리 대응 매뉴얼 제시

이해관계자 간의 갈등을 사전에 예방하고, 발생한 갈등을 효과적으로 관리하기 위한 대응 매뉴얼을 제시한다. 이는 상권 활성화 사업의 원활한 진행을 위해 중요하다.

갈등 예방 교육, 갈등 대응 매뉴얼 작성, 갈등 해결 지원 등으로 갈등이 발생한 경우, 신속하게 해결할 수 있도록 지원 체계를 마련한다.

갈등이 발생했을 때 신속하게 대응하기 위한 절차를 마련해야 한하며, 대응 절차는 다음과 같은 단계가 포함될 수 있다.

- 문제 인식 및 기록: 갈등이 발생한 시점과 상황을 정확히 기록한다.
- 원인 분석: 갈등의 원인을 파악하고, 그 원인이 무엇인지 분석한다.
- 해결 방안 모색: 다양한 해결 방안을 모색하고, 가장 효과적인 방안을 선택한다.
- 소통 및 협상: 갈등 당사자들과의 소통을 통해 협상을 진행한다.
- 후속 조치 및 평가: 갈등 해결 후 후속 조치를 취하고, 갈등 관리 과정을 평가하여 개선점을 찾는다.

사업 수행 리스크 관리

사업 수행 중 발생할 수 있는 다양한 리스크를 예측하고 관리하는 것은 프로젝트의 성공과 지속 가능성을 보장하기 위해 필수적이다.

1. 사업 수행의 위험요소 예측과 분석

사업 수행 중 발생할 수 있는 잠재적인 위험요소를 식별하고, 이를 분석하여 발생 가능성과 영향을 평가한다. 이는 천재지변, 경제 불황, 법적 규제 변화, 기술적 결함 등 다양한 요인을 포함한다.

2. 리스크 발생에 따른 손실 요인 파악 및 대처

리스크 발생 시 발생할 수 있는 유형 손실(물리적 자산 손실, 재정적 손실)과 무형 손실(브랜드 이미지 손상, 고객 신뢰도 저하)을 파악하고, 이에 대한 대처 방안을 마련한다. 이를 위해 보험 가입, 비상 대응 매뉴얼 작성, 직원 교육 등을 실시한다.

3. 예측 분석된 위험 요소 대응 전략 수립 및 대비

각 위험 요소에 대한 구체적인 대응 전략을 수립하고, 사전에 대비한다. 이를 위해 자연재해 발생 시 대피 계획 수립, 경제 불황 시 비용 절감 방안 마련, 법적 규제 변화 시 법률 자문 구하기 등의 전략을 마련한다. 또한, 지속적인 모니터링을 통해 변화하는 상황에 신속히 대응한다.

4. 예상되는 민원 등에 대한 대응책

사업 수행 과정에서 발생할 수 있는 민원(소음, 환경오염, 교통 혼잡 등)에 대해 사전 대응책을 마련한다. 이를 위해 민원 전담 부서 설치, 신속 대응 매뉴얼 작성, 주민 설명회 개최 등을 실시하고, 지역 주민 및 이해관계자와의 소통과 협력을 강화한다.

5. 문제 발생 시 처리 가능한 인적, 물적 네트워크 구축

문제 발생 시 신속히 대응할 수 있도록 인적, 물적 네트워크를 구축한다. 이를 위해 법률 자문, 기술 전문가, 컨설팅 업체 등과의 인적 네트워크를 구축하고, 비상 장비, 예비 자재, 대체 시설 등을 확보하여 물적 네트워크를 관리한다. 또한, 지자체, 소방서, 경찰서 등과의 협력 체계를 강화한다.

사업계획 변경 및 수행

사업을 수행하는 과정에서는 여러 변수로 인해 계획의 변경이 불가피할 수 있다. 이러한 상황에서 효과적인 변경 관리와 원활한 의사소통은 사업의 성공적인 수행을 보장하는 중요한 요소이다.

1. 사업 수행 일정, 예산, 환경의 변화에 따른
계획 변경 및 관리

사업을 수행하는 동안 다양한 이유로 계획의 변경이 필요할 수 있다. 이는 프로젝트 일정의 지연, 예산 초과, 환경 변화 등 여러 요인에 기인할 수 있다. 따라서 이러한 변화에 유연하게 대응하고, 계획을 적절히 수정하여 관리하는 것이 중요하다.

일정 변경
프로젝트 일정의 변경이 필요할 때, 새로운 일정을 수립하고 이에 따라 모든 관련 작업을 재조정한다. 이를 통해 일정 지연을 최소화하고, 프로젝트의 성공적인 완료를 도모한다.

예산 조정

예산이 초과되거나 부족한 경우, 예산을 재조정하여 자원을 효율적으로 배분한다. 이를 통해 재정적 문제를 예방하고, 프로젝트의 재정 건전성을 유지한다.

환경 변화 대응

외부 환경의 변화(법규 변경, 시장 상황 변화 등)에 따라 계획을 수정하여 프로젝트가 환경 변화에 적응할 수 있도록 한다.

2. 실행업체와의 의사소통

계획 및 일정 변경 시 사업 실행업체와의 원활한 의사소통은 필수적이다. 실행업체와의 긴밀한 협력을 통해 변경 사항을 신속히 전달하고, 이에 따른 대응책을 함께 마련해야 한다.

정기적 커뮤니케이션

정기적인 회의와 보고를 통해 발주업체와 지속적으로 소통하며, 변경 사항을 즉시 공유한다.

명확한 전달

변경 사항을 명확하고 구체적으로 전달하여 혼란을 최소화하고, 실행업체가 변경 사항을 정확히 이해하고 대응할 수 있도록 한다.

3. 일정 관리의 문제 예견 및 대응책 제시

일정 관리에서 발생할 수 있는 문제를 예견하고, 이에 대한 대응책을 마련하는 것은 프로젝트 관리의 핵심 요소 중 하나이다. 이를 통해 일정 지연을 예방하고, 프로젝트가 계획대로 진행될 수 있도록 한다.

사업 수행 일정, 예산, 환경의 변화에 따라 계획을 변경하고 관리하는 것은 프로젝트의 성공적인 수행을 위한 중요한 요소이다. 실행업체와의 원활한 의사소통, 변경 타당성 검증, 일정 관리의 문제 예견 및 대응책 마련 등을 통해 효과적으로 사업계획을 변경하고 수행할 수 있다. 이러한 접근 방식은 프로젝트의 유연성과 적응력을 높여, 예기치 않은 상황에서도 성공적인 결과를 도출하는 데 기여한다.

사업운영팀 인력관리, 예산집행 및 사업비 관리

사업운영팀의 효과적인 운영을 위해서는 인력관리와 예산집행이 핵심적이다. 이 두 가지 요소는 프로젝트의 성공적인 수행과 효율적인 자원 관리를 보장한다.

1. 인력관리

인력관리는 인사·노무관리 업무 수행, 회의 운영 및 의사소통 관리, 인력 수립 계획에 따른 인원 선발과 배치를 포함하며, 팀의 역량을 극대화하고 프로젝트 목표를 달성하는 데 있다.

2. 예산집행 및 사업비 관리

원가분석에 따른 예산 편성, 회계관리 시스템 활용, 예산 항목별 타당한 집행을 포함한다.

효과적인 인력관리와 예산집행은 사업운영팀의 성공적인 운영을 보장하는 두 가지 중요한 요소이다. 인사, 노무관리, 회의 운영, 인력 수립 계획 등 체계적인 인력관리와 원가분석을 통한 예산 편성, 회계관리 시스템의 활용, 예산 항목별 타당한 집행 등 체계적인 예산관리를 통해 프로젝트의 목표를 성공적으로 달성할 수 있다. 이러한 관리 방안들은 팀의 역량을 극대화하고, 자원의 효율적인 사용을 통해 지속 가능한 발전을 도모하는 데 중요한 역할을 한다.

　정부 및 지자체 보조금은 상권 활성화를 위한 중요한 자원이다. 이를 효율적이고 공정하게 관리하기 위해서는 명확한 사업계획 수립, 정기적인 예산 사용 보고, 공정한 입찰 및 계약, 효과적인 예산 모니터링, 주민 및 이해관계자 소통, 내부 및 외부 감사, 비상 대응 계획 수립 등의 핵심 팁을 준수해야 한다. 이러한 팁을 통해 보조금을 효과적으로 활용하고, 사업의 성공을 도모할 수 있다.

사업성과 관리

　상권 활성화 프로젝트의 성과를 체계적으로 관리하기 위해 다음과 같은 과정을 거친다.

1. 평가지표 파악 및 자료 정리

평가지표 선정

　매출 증가율, 방문객 수, 고객 만족도 등 성과를 객관적으로 측정할 수 있는 지표를 선정한다.

자료 정리

　선정된 지표에 따라 관련 데이터를 수집하고 체계적으로 정리한다.

2. 성공요인과 실패요인 분석

성공요인 분석

　각 사업의 성공 요인을 파악하여 효과적인 전략을 도출한다.

실패요인 분석

사업의 실패 요인을 분석하고 문제점을 도출하여 개선 방안을 모색한다.

3. 성과 평가 보고 및 제출

보고 사항 정리

평가지표 분석 결과와 성공요인, 실패요인, 개선 방안 등을 포함한 성과 평가 보고서를 작성한다.

보고서 제출

작성된 보고서를 지자체, 상인회 등 주요 이해관계자에게 제출하고, 피드백을 통해 향후 발전 방향을 논의한다.

이러한 성과 관리 과정을 통해 상권 활성화의 성공과 실패 요인을 명확히 파악하고, 지속 가능한 발전을 도모할 수 있다.

13

새로운 시대, 상권 활성화의 미래

지역상권법과 상권전문관리자

    지역상권법은 지역 상권의 상생 및 활성화를 목표로 하는 법률로, 지역상권은 지역경제의 중요한 축을 담당하고 있으며, 지역 주민의 생활과 밀접한 관계를 맺고 있다. 이러한 지역 상권의 지속 가능한 발전을 위해 제정된 법이 바로 지역상권법이다. 이 글에서는 지역상권법의 주요 내용과 상권전문관리자의 역할을 중심으로, 지역상생구역, 자율상권구역, 자율상권조합 등의 개념을 간략하게나마 정리해 본다.

1. 지역상생구역의 지정 및 운영

지역상생구역의 지정

    지역상생구역은 지역 내 상인, 상가건물 임대인, 토지소유자 등 이해관계자들의 협력을 통해 상생을 도모하는 구역이다. 제12조에 따르면, 지역상생협의체를 대표하는 자는 예비지역상생구역 내 상인, 상가건물 임대인 및 토지소유자 각각의 3분의 2 이상의 동의를 받아 시장, 군수, 구청장에게 지역상생구역 지정을 신청할 수 있다. 지정 신청이 접수되면, 시장, 군수, 구청장은 관련 요건을 검토하여 시도지사에게 승인을 요청해야 하며, 시도지사는 30일 이내에 승인 여부를 결정한다.

【지역상권법과 전통시장법의 구역 비교】

구분	지역상권법		전통시장법
	지역상생구역	자율상권구역	상권활성화구역
개요	임대료 상승 지역	상권 쇠퇴 지역	상권 쇠퇴 지역
구역 대상	–		*전통시장, 상점가 1곳 이상 포함
	상업지역 50% 이상	상업지역 50% 이상	상업지역 50% 이상
	100개 이상	100개 이상	400개 이상 *인구 50만 명 이상은 700개 이상
조직	지역상생협의체	자율상권조합	상권관리기구(재단)
지원	–	온누리상품권 가맹, 상권활성화사업	온누리상품권 가맹, 상권활성화사업
	주차장 설치 기준 완화, 지방세 부담금 감면, 대수선비 융자		

지역상생협의체의 구성 및 운영

지역상생협의체는 예비지역상생구역 내 상인 등 2분의 1 이상의 동의를 받아 구성된다. 협의체는 지역상생구역 지정 및 변경 신청, 임대차 계약 협약 지원, 지역상생구역 운영 관련 제도 개선 건의 등의 업무를 수행한다.

2. 자율상권구역의 지정 및 운영

자율상권구역의 지정

자율상권구역은 자율상권조합을 중심으로 운영되는 구역이다. 제15조에 따르면, 자율상권조합을 대표하는 자는 예비자율상권구역 내 상인, 상가건물 임대인 및 토지소유자 각각의 3분의 2 이상의 동의를 받아 자율상권구역 지정을 신청할 수 있다. 시장, 군수, 구청장은 관련 요건을 검토하여 시도지사에게 승인을 요청해야 하며, 시도지사는 30일 이내에 승인 여부를 결정한다.

【자율상권구역 요건 및 지원대상】

자율상권구역 요건 및 지원대상	상권활성화 지원요건
⇒ 지역상권법 제2조 4항, 제15조에 따라 지정한 자율상권구역 1. '국토의 계획 및 이용에 관한 법률(제36조)'에 따른 상업지역이 100분의 50 이상 포함된 곳 2. 해당 구역 안에 대통령령으로 정하는 수(100개 이상의 도매점포·소매점포 또는 용역점포가 밀집하여 하나의 상권을 형성하고 있는 곳 3. 구역 지정 신청 당시 구역 또는 해당 구역 행정동의 사업체수, 매출액, 인구수 중 2개 이상이 연평균 기준으로 최근 2년간 계속하여 감소한 곳 → 자율상권구역 승인 후 지원사업 신청으로 변경	• (상생협약) 해당 상권의 상인, 임대인 각 2/3 이상 사업동의 및 상생협약 체결 • 준비위원회 및 자율상권조합 설립 (조합은 임대인/토지소유자 등으로 구성, 준비위원회는 상인 등 과반수 동의를 받아 구성)

자율상권구역의 변경 및 해제

자율상권구역의 변경 역시 예비자율상권구역 내 상인 등 3분의 2 이상의 동의를 받아야 한다. 지정 해제는 자율상권조합이 3분의 2 이상의 동의를 얻어 신청하거나, 운영이 곤란해진 경우, 기타 사정 변경에 따라 시도지사의 승인을 받아 이루어진다.

3. 자율상권조합의 설립 및 운영

자율상권조합의 설립

자율상권조합은 자율상권구역 내 상인, 상가건물 임대인, 토지소유자 등이 자율적으로 결성하는 조직이다. 조합 설립을 위해서는 예비자율상권구역 내 상인 등 각각의 과반수 동의를 받아 준비위원회를 구성하고, 준비위원회는 창립총회를 거쳐 시장, 군수, 구청장의 인가를 받아야 한다.

자율상권조합의 운영

자율상권조합은 자율상권구역의 지정 및 변경 신청, 임대차 계약 협약 지원, 교육 및 경영지원 사업, 환경 및 영업시설 정비 사업, 특성화 사업 등 다양한 업무를 수행한다. 또한, 조합의 운영을 위해 조합비 등을 조달하고, 필요한 경우 국가와 지방자치단체로부터 지원을 받을 수 있다.

4. 상권전문관리자의 역할과 업무

상권전문관리자는 자율상권조합의 효율적인 운영을 지원하고, 자율상권구역의 발전을 도모하는 전문가이다. 제24조에 따르면, 자율상권조합은 자격을 갖춘 상권전문관리자를 두어야 하며, 이들은 다음과 같은 업무를 수행한다.

상권전문관리자의 주요 업무

자율상권조합에서 의결된 사업의 실행: 상권전문관리자는 조합에서 결정된 사업을 실행하고, 사업 운영 계획 및 예산을 작성한다.

- 자산 관리: 조합의 자산을 취득, 관리, 처분하며, 출납 및 회계 사무를 담당한다.
- 조합비 징수: 조합비 및 기타 사용료, 수수료를 징수하고, 예산 내 지출이 부족할 때는 일시 차입을 수행한다.
- 문서 관리: 증명서 및 공문서류를 보관하고 관리한다.

상권전문관리자의 등록 및 양성

상권전문관리자는 시장, 군수, 구청장에게 등록해야 하며, 등록 사항이 변경된 경우 변경 등록을 해야 한다. 또한, 중소벤처기업부장관은 상권전문관리자의 양성을 위해 교육 프로그램을 운영하고, 이를 지원할 수 있다.

상권전문관리자는 상권 활성화와 지속 가능한 발전에 있어 핵심적인 역할을 한다. 이들은 상권의 특성과 문제점을 정확히 파악하고, 이를 바탕으로 맞춤형 전략을 수립하여 상권 경쟁력을 강화한다. 또한, 상인들과의 소통을 통해 갈등을 조정하고, 협력적인 상권 환경을 조성한다. 정부 및 지자체와 협력하여 다양한 지원 프로그램을 효과적으로 운영하며, 예산 관리와 사업 진행의 투명성을 보장한다. 상권전문관리자의 전문성은 상권의 성공적인 운영과 지역 경제 활성화에 필수적이다.

상권 활성화 프로젝트 기획 실무

정부의 지역상권 상생 및 활성화 종합계획

　정부는 지역상권의 활성화를 위해 다양한 정책과 계획을 수립하고 있다. 이러한 노력은 지역경제를 활성화하고, 소상공인의 경쟁력을 강화하며, 지역사회의 지속 가능한 발전을 도모하는 데 중점을 둔다. '지역상권 상생 및 활성화 종합계획'은 2023년부터 2025년까지 시행되는 정부의 지역상권 활성화 종합계획으로 주요 내용은 다음과 같다.

1. 계획 수립 배경과 중요성

　지역상권은 소상공인이 경제활동을 주로 영위하는 공간으로, 국민경제에서 중요한 역할을 한다. 소상공인은 전체 기업의 대다수를 차지하고 있으며, 지역상권은 이들이 경제적, 사회적, 문화적 기능을 수행하는 중요한 거점이다. 정부는 이러한 지역상권의 중요성을 인식하고, 지역경제 활성화와 균형 발전을 위해 종합계획을 수립했다.

　지역상권은 다양한 지역 특산품과 콘텐츠를 경험할 수 있는 공간으로, 외부 소비자와 관광객을 끌어들인다. 이를 통해 지역 특산품 매출 증대, 고용 창출, 투자 유치, 창업가 유입 등의 선순환이 이루어지며, 지역경제의 건강성이 제고된다. 또한, 지역의 자생적 창조 역량을 강화하여 새로운 사회적, 문화적 가치를 창출하고, 지역사회 활력을 증대시켜 지역 소멸을 방지하는 효과도 기대할 수 있다.

2. 필요성과 법적 기반

최근 저출산과 고령화로 인한 생산인구 감소, 수도권 인구 유출 등으로 지방 중소도시의 쇠퇴와 지역 소멸 위기가 증대되고 있다. 이러한 상황에서 지역상권의 활성화는 더욱 시급한 과제가 되었다. 이를 해결하기 위해 정부는 2021년 '지역상권 상생 및 활성화에 관한 법률'을 제정했다. 이 법은 소상공인과 지역사회가 상생 발전할 수 있도록 지원하며, 상권 특성에 따라 '지역상생구역'과 '자율상권구역'으로 지정하여 다양한 지원 정책을 펼치고 있다.

【지역상권의 모습】

	산업화, 고속성장의 시대	지속성장, 로컬지향의 시대
개발전략	수도권, 지방거점도시 중심	지역소멸 대응, 지역균형발전
도시환경	광역생활권, 기능분화, 직주분리	동네(일상)생활권, 복합화, 압축도시
자원 활용	대자본 유입, 고도의 선진 기술	지역자원, 적정기술 활용
소비 트렌드	방문소비, 일상소비	(온라인) 일상소비 (오프라인) 가치 경험형 소비
상권 이슈	유통환경 변화, 전통시장 지원	원도심 쇠퇴, 젠트리피케이션

자료 : 지역상권 활성화 종합계획

【중소벤처기업부의 지역상권 활성화 정책 추진 전략】

〈 비 전 〉

민간주도의 지속가능한 혁신상권 조성으로
지역경제를 "Re:Structure" (재건)

목표	◇ 지역의 특성과 매력을 발산하는 지역별 코어(Core) 상권 조성 – 상권전략 기획 등 예비지역상권 발굴·육성(동네상권발전소 지원)

	지역상권 "Re:Modeling" (개조) + "Re:Coordinate" (재구성)
추진 전략	〈전략 1〉 지역가치를 경험하는 매력적인 상권 창출
	❶ 지역 브랜딩을 통한 차별화된 상권 조성
	❷ 민간주도 상권 거버넌스 구축
	❸ 혁신재원 자발적 유입 촉진
	〈전략 2〉 지속가능한 상권 생태계 조성
	❶ 생애주기별 맞춤형 지원전략
	❷ 지역 소상공인 창업과 혁신성장의 거점
	❸ 역량있는 상권주체, 스마트한 상권
	〈전략 3〉 지역과 공존·발전하는 상권
	❶ 지역기반 경제공유 네트워크 구축
	❷ 지역민 참여와 상권성과의 지역 환원
	〈전략 4〉 상생하는 상권
	❶ 상권주체간 상생
	❷ 민관협력 상생기반 조성

기반 구축	사업 추진체계 개편	법·제도 정비
	◇ 유형별·단계별 코어상권 조성 ◇ 지역 주도, 중앙 지원 추진체계	◇ 지역상권법 개정 ◇ 상권정보화시스템 고도화

자료 : 지역상권 활성화 종합계획

3. 종합계획의 주요 내용

정부의 종합계획은 크게 네 가지 전략으로 나뉘어 있다.

| 지역 가치를 경험하는 매력적인 상권 창출

지역 브랜딩을 통해 차별화된 상권을 조성하고, 민간주도의 상권 거버넌스를 구축하며, 혁신재원의 자발적 유입을 촉진한다.

예를 들어, 지역특화상품 개발, 지역문화 축제 등을 통해 상권의 매력을 강화하고, 지역민과 상인이 함께 참여하는 거버넌스를 구성하여 자생력을 키운다.

| 지속 가능한 상권 생태계 조성

생애주기별 맞춤형 지원 전략을 통해 소상공인 창업과 혁신성장의 거점을 마련하고, 역량 있는 상권 주체를 육성하며 스마트 상권을 구축한다.

각 상권의 특성과 성장 단계에 맞는 지원을 통해 지속 가능한 발전을 도모한다.

| 지역과 공존·발전하는 상권

지역 기반 경제 공유 네트워크를 구축하고, 지역민 참여와 상권 성과의 지역 환원을 통해 상권과 지역사회가 함께 성장하도록 한다.

지역 상권과 경제 주체들이 협력하여 공동의 경제 네트워크를 형성하고, 상권에서 발생하는 수익을 지역사회에 환원하는 방안을 마련한다.

│ 상생하는 상권

상권 주체 간 상생을 도모하고, 민관협력 기반을 조성하여 상생의 토대를 마련한다.

상권 내 빈 점포를 활용한 공유 모델을 구축하고, 상생 협약을 통해 임대료 문제 등을 해결하는 방안을 제시한다.

4. 과제 이행을 위한 기반 구축

정부는 이러한 종합계획을 효과적으로 추진하기 위해 법적·제도적 기반을 마련하고, 지역상권의 실태를 조사하며, 상권전문관리자를 양성하는 등의 노력을 기울이고 있다. 또한, 지역별 특성에 맞는 지원 전략을 마련하고, 지자체와 협력하여 계획을 실천해 나가고 있다.

정부의 지역상권 활성화 종합계획은 지역경제를 재건하고, 소상공인의 경쟁력을 강화하며, 지속 가능한 발전을 도모하는 것을 목표로 한다. 이를 통해 지역사회는 더욱 활력을 되찾고, 소상공인은 안정적인 경영환경에서 성장할 수 있을 것이다. 이러한 노력은 지역 상권의 매력을 높이고, 지역경제의 선순환 구조를 구축하는 데 큰 기여를 할 것으로 기대된다.

지역상권기획자, 지역상권관리자, 지역상권발전기금

    지역상권의 활성화는 지역경제의 핵심 과제 중 하나로, 이를 위해 다양한 전문 인력과 재원이 필요하다. 정부는 이러한 필요성을 인식하고 지역상권기획자, 지역상권관리자, 지역상권발전기금을 중심으로 한 종합적인 지원 체계를 마련하고자 하는 것으로 보인다.

1. 지역상권기획자

    지역상권기획자는 지역상권의 발굴과 전략 기획을 담당하는 전문 회사이다. 이들은 상권을 분석하고 발전 전략을 수립하여 상권의 성장 가능성을 극대화하는 역할을 한다. 특히, 유망한 소상공인을 발굴하고, 그들이 성공적으로 창업하고 성장할 수 있도록 지원하는 것이 주요 임무다.

    상권기획자는 상권 유형(산업형, 근린형, 관광형)에 따라 차별화된 전략을 기획한다. 예를 들어, 산업형 상권은 제조와 가공, 서비스가 융합된 구조를 목표로 하고, 근린형 상권은 지역 주민의 커뮤니티 형성에 중점을 둔다. 관광형 상권은 지역 자원을 활용한 체험 콘텐츠 개발을 주요 과제로 삼는다.

(지역상권기획자) 상권구성원 등과 협업하여 상권발굴 및 전략수립~실행까지 전문 지원하는 지역상권기획자(전문회사) 제도 도입('24년 중 지역상권법 개정 예정)

○(등록) 상권기획, 소상공인 보육, 투자 등 관련분야 전문성 및 실행역량을 보유한 법인이 중기부에 등록
* 자본금, 사업수행역량, 전문인력·시설 보유 등 창업기획자에 준하여 적용(세부안 마련)

○ (역할) ①상권발굴 및 전략기획, ②유망 소상공인 발굴·보육·투자 ③발전기금에 따른 사업 위탁운영, ④투자펀드 결성·집행 등

○(혜택) 전문성과 역량 있는 법인의 유입을 위해 사업우대 등 적합한 인센티브 부여방안 마련·추진
– 정부, 지자체 상권활성화 지원사업, 공공사업 등 수행자격 부여
○(사후관리) 상권기획자는 개발결과물*과 사후관리 및 유지·발전전략 등을 수립하여 상권조합과 상권관리자에 인계

* 상권구축 과정에서 개발되거나 조성된 공동시설, 저작권, 상표·특허, 공동사업 또는 수익사업 비즈니스모델 등 유형·무형의 모든 자산을 인계

자료 : 지역상권 활성화 종합계획

2. 지역상권관리자

지역상권관리자는 상권기획자가 수립한 전략을 실행하고, 상권의 자산과 공동사업을 관리하는 전문 회사이다. 이들은 상권 내 공동시설을 조성하고 관리하며, 투자금 유치와 운영을 담당한다. 또한, 상권의 유지 및 발전을 위한 전략을 수립하고, 이를 실행하는 데 필요한 인프라

와 인력을 제공한다.

지역상권관리자는 지역 상권의 지속적인 발전을 위해 필요한 자원을 효율적으로 관리하고, 상권 내 모든 주체들이 협력하여 공동의 목표를 달성할 수 있도록 돕는다. 이들은 또한 상권 내 발생하는 수익을 공정하게 분배하고, 상권의 경제적 안정성을 확보하는 역할을 한다.

(지역상권관리자) 상권자산·공동사업 관리, 공동수익·투자금 관리·분배 등 상권관리를 전문지원하는 지역상권관리자 (전문회사) 제도 도입

ㅇ (등록) 자산 및 공공사업 위탁관리, 창업보육·투자 등 전문 역량을 보유한 법인이 중기부에 등록(필요시 상권기획자가 겸임, 지속관리)
* 상권기획자, 자율상권조합, 지자체 등이 협의지정하고, 공동투자 및 상권운영 관련 중요사항 의사결정·자문 역할(사외이사 참여 등)도 수행

ㅇ (역할) ①공동사업(생산가공, 판매, 물류, 환경개선, 상표, 서비스 등) 및 ②공동시설 조성·관리 및 운영, ③기타 상권발전기금으로 지원하는 사업 수행 등

ㅇ (혜택) 사업우대 등 적합한 인센티브 부여방안 마련·추진

자료 : 지역상권 활성화 종합계획

3. 지역상권발전기금

기금 조성 및 운영

지역상권발전기금은 상권 및 지역의 주체들이 자발적으로 출연하여 조성하는 기금이다. 이 기금은 상권의 발전을 위해 다양한 사업을 지

원하는 데 사용된다. 예를 들어, 빈 점포 매입 및 리모델링, 소상공인 육성 및 지원, 공동시설 조성 등이 해당된다.

기금의 재원은 상권 구성원, 지자체, 지역 기업 및 금융기관 등 다양한 주체들이 출연하여 마련된다. 지자체는 기금의 운용과 관리에 대한 전반적인 책임을 지며, 필요에 따라 일부 권한을 지역 금융기관 등에 위탁할 수 있다. 기금은 지역상권기획자와 지역상권관리자에게 위탁되어 상권 발전을 위한 다양한 사업을 수행하게 된다.

기금의 중요성

지역상권발전기금은 상권의 지속 가능한 발전을 위한 중요한 재원이다. 이 기금을 통해 상권은 필요한 자금을 안정적으로 확보할 수 있으며, 다양한 발전 전략을 실행할 수 있다. 또한, 기금은 상권 내 소상공인들의 창업과 성장을 지원하고, 상권의 경제적 안정성을 높이는 데 기여한다.

지역상권기획자, 지역상권관리자, 지역상권발전기금은 새로운 지역상권 활성화를 위해 도입하고자 하는 제도들이다. 이러한 제도들이 새로운 시대의 지역상권 활성화를 위해 필요한 제도들이기는 하지만, 실질적인 활성화 성과를 창출할 수 있을지, 새로운 지역상권 활성화 생태계의 선순환 구조를 만들 수 있을지 지켜볼 일이다.

【지역상권기획자, 지역상권관리자, 지역상권발전기금 관계】

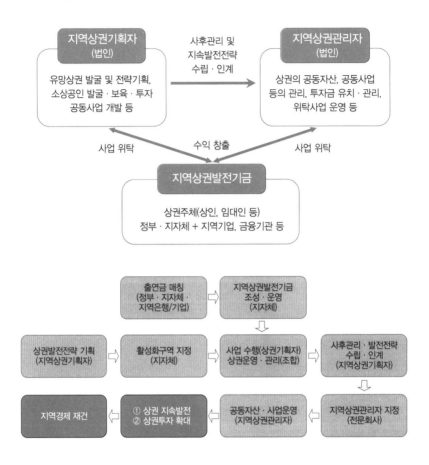

자료 : 지역상권 활성화 종합계획

상권 활성화 프로젝트 기획 실무

디지털과 AI가 이끄는
지역상권의 변화

새로운 시대가 열리면서 디지털 기술과 인공지능(AI)은 우리의 일상과 경제 전반에 걸쳐 큰 변화를 가져왔다. 특히, 지역상권에 있어서 디지털과 AI의 도입은 단순한 변화가 아니라 혁신이라 할 수 있다. 많은 상권이 디지털 전환을 통해 새로운 성장 동력을 확보하고 있으며, AI는 이러한 변화의 중심에서 상권의 효율성을 극대화하고 있다. 이번 장에서는 디지털과 AI가 지역상권에 어떻게 영향을 미치고 있는지, 그리고 이를 통해 상권이 어떻게 변화하고 있는지를 살펴본다.

1. 디지털과 AI가 지역상권에 미치는 영향

디지털 마케팅의 강화

디지털 기술의 발전은 상권 활성화에 중요한 역할을 한다. 소상공인과 자영업자는 온라인 플랫폼을 통해 자신들의 상품과 서비스를 더 널리 알릴 수 있게 되었다. 예를 들어, 소셜 미디어와 온라인 광고를 통해 더 많은 고객에게 다가갈 수 있다. 고객의 관심사와 소비 패턴을 분석하여 맞춤형 마케팅 전략을 수립하는 것도 가능해졌다. 이러한 디지털 마케팅의 도입은 상권의 경쟁력을 높이는 데 큰 도움이 된다.

AI 기반 데이터 분석

AI는 방대한 양의 데이터를 분석하여 상권의 발전 방향을 제시한다. 고객의 구매 패턴, 선호도, 방문 시간대 등의 데이터를 분석함으로써 효율적인 영업 전략을 수립할 수 있다. 예를 들어, AI는 고객의 행동 데이터를 분석하여 어떤 상품이 잘 팔리는지, 어떤 시간대에 고객이 많이 몰리는지를 예측할 수 있다. 이러한 데이터는 상권관리에 큰 도움을 주며, 상권의 효율성을 극대화한다.

스마트 상점과 자동화

디지털 기술과 AI는 스마트 상점을 가능하게 한다. 무인 계산대, 스마트 선반, AI 챗봇 등 다양한 기술이 도입되고 있다. 이러한 기술은 고객의 편의를 높이고, 상점 운영의 효율성을 증가시킨다. 예를 들어, 무인 계산대는 고객이 줄을 서서 기다릴 필요 없이 빠르게 결제할 수 있게 한다. AI 챗봇은 고객의 문의에 즉시 응답하여 고객 만족도를 높인다. 이러한 스마트 상점의 도입은 상권의 혁신을 가져온다.

지역 상권의 이커머스 활성화

많은 지역 상권이 네이버 스마트플레이스, 장보기 등을 구축하고 있다. 이러한 플랫폼은 지역 상권의 상품과 서비스를 온라인으로 판매할 기회를 제공한다. 또한, 온라인 플랫폼을 통해 지역 주민들과 더 긴밀하게 소통할 수 있다. 예를 들어, 지역 상권의 이벤트나 프로모션을 온라인으로 홍보하여 더 많은 고객을 유치할 수 있다. 이러한 온라인 플랫폼의 도입은 지역 상권의 경쟁력을 높이는 데 크게 기여한다.

2. 디지털과 AI가 이끄는 미래

디지털과 AI는 지역상권의 미래를 밝히는 중요한 요소이다. 디지털 기술과 AI를 도입함으로써 상권의 효율성을 극대화하고, 더 많은 고객을 유치할 수 있다. 이는 상권의 경쟁력을 높이는 데 큰 도움이 된다. 앞으로도 디지털과 AI는 상권 활성화에 중요한 역할을 할 것이며, 이를 통해 새로운 시대의 상권이 더욱 번창할 것이다. 지역상권이 지속 가능한 발전을 이루기 위해서는 디지털과 AI를 적극적으로 도입하고 활용하는 것이 필요하다.

(가상 사례)

A지역의 'B전통시장'은 디지털 기술과 AI를 활용하여 혁신을 이루고 있다. 시장 상인들은 블로그와 SNS 콘텐츠를 자동으로 생성하는 생성형 AI를 적극적으로 홍보마케팅에 활용하고 있다. 또한, AI 기반의 챗봇을 도입하여 24시간 고객 문의를 처리하며, 개인 맞춤형 상품 추천으로 고객 만족도를 높이고 있다. 온라인 주문 후 오프라인 매장에서 픽업하는 O2O 서비스도 제공하여 편리성을 극대화했다. 빅데이터 분석을 통해 시장 내 유동 인구와 매출 데이터를 분석하고, 이를 기반으로 최적의 마케팅 전략을 수립했다. 스마트 결제 시스템 도입으로 거래

를 간편하고 안전하게 처리하며, AI 기반 재고 관리를 통해 효율성을 높였다. 이러한 디지털 혁신을 통해 B전통시장은 전통시장의 한계를 넘어 현대적인 경쟁력을 갖추게 되었다.

상권 활성화 프로젝트 기획 실무

새로운 시대, 지속 가능한 상권 활성화 전략

현대 사회는 빠르게 변화하고 있으며, 상권도 그 변화의 중심에 있다. 전통적인 상권 운영 방식은 이제 더 이상 효과적이지 않다. 지속 가능한 상권 활성화 전략은 이러한 변화에 대응하며, 상권의 장기적인 성장을 도모하기 위해 필수적이다. 이번 장에서는 새로운 시대에 맞춰 상권을 지속 가능하게 활성화하는 다양한 전략을 살펴보고자 한다. 이는 소상공인과 창업자, 자영업자들에게 중요한 지침이 될 것이다.

1. 지속 가능한 상권 활성화 전략

지역사회와의 협력 강화

상권이 지속 가능하려면 지역사회와의 긴밀한 협력이 필요하다. 지역 주민들이 자주 찾고 이용하는 상권이 되어야 한다. 이를 위해 지역사회 이벤트를 개최하고, 주민들과의 소통을 강화하는 것이 중요하다. 예를 들어, 지역 축제나 플리마켓을 개최하면 주민들이 자연스럽게 상권을 방문하게 된다. 또한, 지역사회와의 협력 프로그램을 통해 지역 주민들이 상권을 더욱 애용하도록 유도할 수 있다.

ESG 경영

지속가능성을 위해 ESG 경영은 필수적이다. 상권 내에서 사용되는 자원을 절약하고, 환경을 고려한 경영 방식을 도입해야 한다. 예를 들어, 일회용 플라스틱 사용을 줄이고, 재활용 가능한 포장재를 사용하는 것이 좋다. 또한, 에너지 절약을 위한 LED 조명이나 태양광 패널을 설치하는 것도 좋은 방법이다. 이러한 ESG 경영은 고객들에게 긍정적인 이미지를 심어주며, 상권의 지속 가능성을 높인다.

지역 특색을 살린 브랜딩

상권이 지속 가능하게 성장하려면 고유의 특색을 살려 브랜딩하는 것이 중요하다. 지역의 역사나 문화를 반영한 상권 브랜딩은 고객들에게 특별한 경험을 제공한다. 예를 들어, 지역의 전통 음식이나 특산물을 중심으로 한 상권 브랜딩은 고객들의 관심을 끌 수 있다. 또한, 지역 아티스트와 협업하여 상권 내에서 다양한 문화 행사를 개최하는 것도 좋은 방법이다. 이렇게 지역 특색을 살린 브랜딩은 상권의 독창성을 높이고, 지속 가능한 성장을 이끌어낸다.

디지털 기술의 활용

디지털 기술을 활용한 상권 활성화 전략은 현대 사회에서 매우 중요하다. 온라인 마케팅, 소셜 미디어 활용, 데이터 분석 등을 통해 효율적으로 상권을 운영할 수 있다. 예를 들어, 상권 내 모든 가게가 공동으로 네이버 스마트플레이스, 장보기, 예약 등을 구축하면, 더 많은 고객을 유치할 수 있다. 또한, 데이터 분석을 통해 고객들의 소비 패턴을 파악하고, 맞춤형 마케팅 전략을 수립할 수 있다. 이러한 디지털 기술의 활용은 상권의 경쟁력을 높이고, 지속 가능한 성장을 도모한다.

2. 지속 가능한 상권의 미래

지속 가능한 상권 활성화 전략은 새로운 시대에 필수적이다. 지역사회와의 협력, 친환경 경영, 지역 특색을 살린 브랜딩, 디지털 기술의 활용 등 다양한 전략을 통해 상권은 지속 가능하게 성장할 수 있다. 이러한 전략은 소상공인과 창업자, 자영업자들에게 중요한 지침이 될 것이다. 앞으로도 지속 가능한 상권 활성화를 위해 다양한 노력이 필요하며, 이는 상권의 장기적인 성공을 보장할 것이다. 지속 가능한 상권은 지역경제의 발전을 이끌고, 더 나아가 사회 전체의 지속 가능성을 높이는 데 기여할 것이다.

지속 가능한 상권이 되기 위해 상인과 상인조직의 자율적인 노력은 필수적이다. 상인조직은 교육 프로그램을 마련해 상인들의 의식과 서비스 마인드를 변화시키며, 새로운 시대 차별적인 상품과 서비스로 고객에게 사랑받는 상권을 만들기 위한 노력을 경주해야 한다. 상인과 상인조직이 중심이 된 자율적인 노력들은 상권의 지속 가능성을 높이고, 지역사회와 지역경제 활성화에 긍정적인 영향을 미치게 될 것이다.

디지털과 AI 시대 로컬상권 활성화를 위한 지침서

(전통시장/상점가/골목형 상점가/상권활성화구역/자율상권구역 등)

상권 활성화 프로젝트 기획 실무

초판 1쇄   2024년 7월 12일

지은이   김용한
발행인   김재홍
교정/교열   김혜린
디자인   박효은
마케팅   이연실

발행처   도서출판지식공감
등록번호   제2019-000164호
주소   서울특별시 영등포구 경인로82길 3-4 센터플러스 1117호(문래동1가)
전화   02-3141-2700
팩스   02-322-3089
홈페이지   www.bookdaum.com
이메일   jisikwon@naver.com

가격   22,000원
ISBN   979-11-5622-887-5 13320